JN409874

신성범 제5시집

갈증

신성범 시인

꿈과 비전
Dream & Vision Books

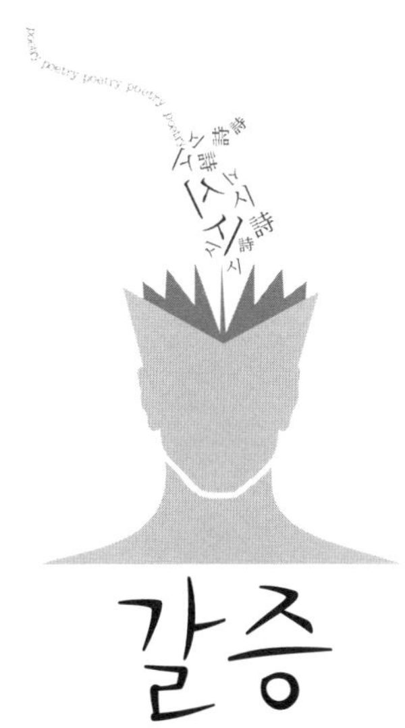

갈증

꿈과 비전
Dream & Vision Books

시인의 말

제5시집을 내기까지 많이 망설였다. 아직 잘 다듬어지지 않은 시를 가지고 계속 시집을 낸다는 것이 과연 잘하는 일인지 확신이 서지 않았다. 바로 그런 차에 뜻밖에도 내게 낭보가 날아들었다. 월간 「문학세계」에 투고했던 나의 시가 신인문학상에 당선되었다는 소식이었다. 시인으로 등단을 하게 된 아주 반가운 소식이었다. 그 기쁨을 제5시집을 출간함으로써 많은 사람들과 함께 나누고 싶어졌다. 제4시집 출간 이후 쓴 시가 300여 편이 넘는다. 그 시를 그냥 묻어두기에는 너무나도 아쉬움이 많이 남았다. 그 아쉬움을 달래기 위해서라도 나에게 제5시집 출간은 꼭 필요한 일이었다.

제5시집에는 「문학세계」 신인문학상 수상작품이 실려 있다. '연탄가스', '입맛', '아내' 등 수상작 전부를 실었다. 이번 시집에는 2014년 8월 3일 이후부터 2014년 12월 21일까지 쓴 작품이 수록되어 있다. 약 5개월에 걸친 기간 동안 쓴 시들이다. 직장을 다니는 틈틈이 시 쓰는 일을 게을리 하지 않았다. 나는 그야말로 밥 먹듯이 시를 썼다. 마치 우리가 아무리 바빠도 밥을 먹듯이. 하루라도 시를 쓰지 않으면 잠을 못 이룰 만큼 나는 시를 갈망했다. 매일 쓰지 않으면 안 될 강박관념처럼 말이다.

누구나 시인이라면 좋은 시를 쓰고 싶어 한다. 또 좋은 시를 읽고자 한다. 좋은 시를 쓰기 위해서는 그만큼 시를 좋아해야만 한다. 시를 가까이하지 않고는 절대 좋은 시가 나올 수 없다. 그래서 나는 더욱 시를 좋아하고 가까이 하려고 노력한다. 아무리 바빠도 시를 그냥 지나칠 수 없다. 항상 시와 함께 생활하는 마음을 갖고 있다. 그러다 보니 서서히 시가 나에게 마음의 문을 열어주는 것만 같다.

제5시집을 출간하면서 나의 제1시집부터 제4시집까지를 다시 읽어 보았다. 나의 시의 역사를 보는 것만 같았다. 조금씩 나의 시가 좋아지고 있다는 자신감이 생겼다. 바꿔 말하면 나의 초기 시에서는 부족한 점이 너무나도 많다. 그러한 점을 시를 공부하면서 시를 써 가면서 보완해 나갈 수 있었다. 그래서 이번 제5시집은 이전 시집보다 더욱 자신 있게 썼다. 이것은 아마도 내가 그만큼 시를 익히고 배웠기에 생긴 자신감이다.

끝으로 나의 제5시집을 사랑하는 부모님과 아내와 아이들에게 먼저 바친다. 그리고 나에게 시의 길을 인도해 주신 명지대학교 문화예술대학원 김석환 지도교수님께 감사드리며 이 시집을 바친다.

2015년 1월 26일 관악산을 바라보며

시인 신성범 씀

차례

1

2

3

4

5

6

1

여자의 이름

시집가면서 사라진 이름
부르라 지어줬는데 스리슬쩍
아무개 엄마 어디 어디 댁
아줌마, 보다 더 친숙한
어느 순간 자신조차
잃어버린 이름

날개 달린 구름처럼
멀리 떠나간 서글픈 현실

어느 날 누군가 불러주면
낯 선 듯 돌아보며
오히려 이상해지는

지금껏 잊고 살았는데
멀리 도망가 다시는 못 볼 줄 알았는데
이제는 불리는 게 더 이상한
여자의 이름

여자 손

악수하자고 건넨 손
작고 보드라운 느낌
손은 손인데
많이 잡아보지 않았기에
스치는 맛 이렇게 다를 수가
무슨 맛인가 하면
딸기 같기도 하고 앵두인 것 같고
아니면 살구
빨간 냄새 풍기니
그냥 대추 즙이나
마셔야겠다

크리스마스 선물

고마운 마음 담아
전하는 손길
한 해 보내는 길
그냥 넘어가기엔
밑 빠진 독에 물 붓는 심정
절대 그냥 넘어갈 수 없는
넘어가서는 안 되기에
말 나오기 전 먼저
식성 까다로우니 잘 맞춰서
욕 안 먹겠지

외동딸

어머니 자식 넷 두었다
아들 아들 딸 아들
세 번째로 낳은 딸
욕심에 하나 더
바라던 딸은 아들

그토록 노래 부르던
목 놓아 우셨다

당신도 오 남매 외동딸
항상 그리웠던
더욱 간절했던
외동이기에 꼭 바랬던
마음대로 움직이지 않는
자신과 같은
아기자기하고 깨소금 같은
자매 간 알콩달콩한 이야기
우락부락 머슴아 사이
홀로 남아 부디 껴야 하는

외로움 주기 싫어
자나 깨나 바랬던
꿈 무너졌기에 더욱
가슴속 새겨진

딸아 딸아 내 딸아
하나 밖에 없는 자신과 같은
밤 하늘 보석보다도
더욱 찬란하고 아름다운
그 이름은 딸

청소

온천 그리워 찾으려 했더니
밀린 숙제 너무나도 많다
뭐 부터 해야 할지 엄두가 나지 않고
그 사이 훌쩍 가버린 시간
그때그때 해야 하는데
미루고 미루다 보니
세상 이보다 힘든 중노동 없다

커피 한 잔의 여유도
카톡방 눈팅할 짬도 없이
티도 안 나면서 시간만 저 만치
그래도 하고 나니 머릿속 맑아지고
어깨 가벼워진 느낌
속이 다 시원하다

어차피 처리해야 할 일
본전도 못 찾고 이자 낼 바에야
하루라도 빨리
진작해버릴 걸

술 한 잔의 정

행여나 술 질세라
조금만 건넨 잔
정이 없다

술 한 잔 오가는 정
넘치도록 철철
따르다 만듯한
어설프지 않은
꾹꾹 눌러담은 그 속에
오고 가는 마음으로 통하는 끈끈한
그래서 술은 물보다 진해
무 자르듯 못하는 거야

무리수

준비되지 않은 몸
출발부터 불안
해야 할지 말아야 할지
이왕 정한 일인데
요행을 바라기엔
그렇다고 이제 와서

일단 찔러보지만
무거운 발걸음
덜컥 한 약속
무리이기에 둘 중 하나는

더 이상 기다릴 수 없고
이제 돌 던져야 할 순간

단 두 줄

찢어 갈겨쓴 메모 단 두 줄
사과를 드리고 미안하다 끝
틀린 맞춤법

사과하려는 태도보다
땜질하려는 듯한
오히려 기분만 울린

소나기 피하고 보자는 격
얼렁뚱땅 넘어가려고
덮으려다 오히려 커진

지나치게 가식적인
두 줄짜리 사과 쪽지
저절로 미안하면 다야
불쑥 터지는 말

회장

조직 이끌어 가는 보이지 않는 냄새
든든한 버팀목
풍겨오는 선생님 같은
다정하면서도 무서운

있어야 하는 위치이기에
자발적이든 떠밀려서든
감투라고 가문의 영광이라고
얼굴 쓰고 다니지 말고

그냥 시궁창에서 꽃밭으로
중앙정보부 안기부 국정원처럼
비밀스럽게 긴장 풀고 어깨 힘 풀고
아무리 기쁘다 해도
짙은 선글라스 쓴 것처럼
내색하지 말고 필요할 때
영양분 실컷 먹여주면
나머지는 거드는 무리들 척척 알아서
그 맛에 한 번 해보는 거야

의리파

뭐든 발 벗고 나서는
의리로 통하는
내 일 아니어도 기꺼이
훈훈함 멀리서도 밀려와
부르면 다 해결될 것 같은
오빠 같은 친구
다가가 안기고 싶은 마음
멀리서 바라만 보고

김보성보다 더 한 보스
오늘밤 끝장난다

성실

어느새 하루가 된 일 년
삼 일 넘어 열흘 한 달
꺼지지 않는 엔진 줄기차게
힘들어도 지쳐도
꾸준하게 밀어붙여
탑이 되어 올라
마지막 숨 고르기

다시 힘차게 피어올라
시동 건다

고막 피 흘리도록 세차게
울리는 울음
마지막까지 늦춰서는 안 되기에
끝까지 긴장줄 잡고 늘어져
최후의 발악

조금만 더 조금만
서서히 함락되어 가는
더욱 돋보이는 비밀병기

새벽을 가르며

시발 버스 운전사
새벽 가르며 뛴다
어젯밤 사둔 파리바케트
선물 받은 대추즙
하루 여는 힘이다

발이 되어야 하기에
꼭두새벽 급하게
몸과 마음 씻었다

송곳 바람 옷깃 때려도
따뜻한 바람 품어대며
멋진 아침 가르는
오늘도 새로운 하루

콧구멍 더 넓어지며
힘껏 새벽 공기 맡으며 마라톤 하듯
골인점 향해 달린다

아침 대용 대추 즙 혈관으로 힘을 주고
탄수화물 뛸 수 있는 버팀목 되어
마라톤도 끄떡없다

접고 나면 한 잔 술
피로회복제
얼큰하게 끓여 속 달래고
다시 또 시작이다
시발 버스 운전사

님아 그 강을 건너지 마오

영화 같지 않은 영화
녹아있기에 더욱 사실적인 삶과 죽음
76년 친구처럼 오누이처럼

내내 떠오르는 부모님
깊이 파인 주름
언젠가는 떠나야 할 시간
조금씩 조금씩 마른 장작처럼
변해가는 모습

마치 예견됐다는 듯
아들 두 손잡고 통탄하고
아내 옷가지 태운다

님아
무덤가 앉아 불러보는 이름
그 강을
한 번 떠나면 다시는 못 오는
건너지 마오
애타게 찾으며 울부짖는 메아리

해야 솟아라

해가 저문다
저 산 너머로
아픔도 슬픔도 괴로움도
기쁨도 즐거움도 함께

다시 솟아라
충만함 가득 희망과 꿈을 안고
아쉬움 털어버리고
활기찬 기쁨 안고

밤을 깨고 새벽을 티우듯
세찬 바람 막고 일어서며
꿋꿋하게 얼굴 내밀어라
아무런 미련없이

붉은 빛 찬란하게 비추어
어둠 몰아내고
쌓인 먼지 티끌 태우며
장미보다 예쁘게 피어올라라

지친 몸 달래가며
꽁꽁 얼어붙은 마음도 녹이며
힘차게 아주 힘차게
모든 것 다 보여주며
하늘 구멍 뚫어라

저무는 기운 잊어버리고
떠오르는 힘 찾아서
높이 높이 날아라

새치기

비 오는 버스 정류장
피난 행렬 따로 없다
서로 먼저 잡으려 생난리
그 틈에 슬쩍 끼어드는 미꾸라지
이런 개 뭐 같은
비 흠뻑 먹은 사람들
두 눈 뒤집어져
당장 회쳐 먹을듯
꼬랑지 내리고 뒷걸음질
돌아서는 뒷통수
그것 참 깨소금이다

할 수 있어

넌 할 수 있어라는 긍정의 힘
절대 이룰 수 없으리라는
바라볼 수조차 없는
무너뜨릴 수 있어

때론 무모해보이지만
도전의 끝은 없어
쓰러지고 부서지더라도
거센 폭풍우 비바람 몰아쳐도
넌 할 수 있어

큰 이상과 꿈을 향하여
한 발 한 발 내딛어
더 없이 소중한 너의 마음
반드시 이룬다는 다짐

한 해가 넘어가는 지금
솟아오르는 새해
매일 떠오르는 태양처럼 힘차게

난 할 수 있어라고 말해 봐
그럼 넌 이미 해낸 거야
힘든 고난 악마 유혹
신나게 이겨내면
그 누구도 널 막을 수 없어
넌 할 수 있어

울타리

눈 뜨면 가야하는 곳
갈 곳 있다는 건 살아있기에
매일 되풀이 된다하더라도
기꺼이 맞이하는 아침

체험과 경험 그 안에
좀처럼 벗어나기 힘든
쉽게 안주할 수밖에 없는

시도하기엔 너무나도 큰
낯선 환경
모험이라는 크나큰 고통
미지의 신세계
마음뿐 현실에 주저앉아 그대로
철책없이 갇힌
아무리 나오려고 해도 힘든
그냥 있을 수밖에 없는
살아가야 하기에

애모

토라진 여인처럼
뒤도 안돌아보고 가버린
그대 못내 섭섭해
쓰라린 열매 곱씹으며
손짓으로 다가갑니다

아마도 지금 갈등으로 울겠지요
뭐가 아쉬운지 먹어서는 안 될
썩은 생선 때문인지

싱싱하고 맛있는 육회 드릴까요
보기만해도 눈이 웃고
입이 열리는 파릇파릇 살아 움직이는
해맑던 웃음 보고 싶지요
하루가 멀다 웃던 예쁜

이제 뒤돌아 봐줘요
기다리고 있으니까 언제까지라도

오래가진 않겠지요
맺은 정 끊기 쉽지 않으니
아마도 지금 당장이라도 웃으며 손 내밀 것같고
얼굴 도장 찍을테니 걱정하진 않아요 절대

그대 가슴에 얼굴 묻을까요
돌아만 와 준다면
열 번이고 백 번이고 마음 붙들어
매달고 싶어요

다시 불러 보아요
닫힌 문 활짝 열고 내 가슴에 안겨
눈물 흘리는 모습
친구라는 이름으로

노래와 춤

잔치에 빠질 수 있나
흥이 살면 절로
누가 시키지 않아도
박자 장단 맞춰
귀가 즐겁고
눈이 기쁘고
입이 배부르니
아무리 보고 듣고 따라도
마냥 기쁘고 즐거운
참 좋은 선물
받으면 받을수록
기쁨 술잔 가득 넘치니
죽도록 마셔야지

전신마사지

살살 해달랬더니 너무 싱겁다
개미 왔다갔는지도 모르게
변죽만 울리고 슬슬 약 올리는지
팍팍 떡방아 치듯 쳐주면
떡고물이라도 기분낼 텐데
영 간 안 맞아 맹물 냄새
달고 시고 짭짤한 맛도 없이
맹탕 먹으려하니 본전 생각
괜히 싱겁게 해달라해서
맹물만 먹으니 배만 부르고
찐빵보다 훨씬 못한
잔뜩 기대만 올리고 도망간 녀석

시 쓸 시간

휴일 먹을 시간 지났다
누가 뭐라는 사람 없지만
손해 본 느낌 하루 바쁘다

먹긴 먹어야 하는데
잘 먹히지 않는다
뭐부터 먹어야 할지
일단 닥치는대로 먹고 봐야지

훌쩍 도망가는 시간들
시간표대로 움직이자면
손도 발도 바쁘다

밑그림 잘 그려 완성품 만들어야 하는데
손 발 척척 맞추기 로또보다 어렵다
내 마음 같지 않아 운전대처럼 원하는대로 가지 않고
옆길로 자꾸 새 버린다

오늘도 그렇게 아쉬운대로 겨우 목 적시며
간신히 먹어보지만
영 집에서 먹는 맛 아니다

기영이 미숙이

내 아내 영숙이
둘 합치니 그 이름
볼때마다 잘 어울려
불러본다 영숙아

술자리 마다않고
애인처럼 친구처럼
다른 듯 같은 듯
뜯어보니 어딘가
전생 인연
자주 같이 마주하니
또한 인연

또 궁금해지는 사연
그땐 어디서 어떻게
다음 드라마 언제 또 볼까
아내 같은 영숙이

축하 시

태어나고 결혼한 날
평생 잊지 못할 기억
만인 축하받고 싶은 마음
스스로 내세우기 어려울 때
누군가 얘기해주면
그 말 한마디 얻은 황금
별 거 아닌 것 같지만
앉은 자리 코 베어가는 세상
남 떡을 먹든 밥을 먹든
딴 세상인데
시어머니처럼 하나하나 기억만으로도
알게 모르게 쌓이는 초코파이
성냥 꽂고 불 키고 입 불어
잊지 못할 날 축하 보네

12월

언제 지나갔는지 모를
12월은 바쁘다
운동은 호사
눈 뜨는 것조차 버거운 일
트레드밀이라도 만난다면 그나마

들어만 가고 나오지 않으니
배가 산이 된다
찌꺼기 없애야 하는데
되려 쌓이고만 있으니
분리수거조차 쉽지 않은 일
얼키고 설켜 건드리다보면
하루 시계 도둑놈처럼 도망가

여기저기 울리는 나팔소리
듣다보면 고막 찢어져
조용히 하나 잡아 물어
시키는대로

땅콩 회항

껍질 안 벗겼다고
비행기 뭔 죄인지
영문도 모르고 매맞는 심정
낙하산 타고 와서
백 좋다고 유세하는 건지
온 동네방네 망신살
힘자랑 하는 모양새
사과 먹으라 해놓고도
끝끝내 고개 쳐들지

영일만 친구

바닷가 부르는 노래 소리
최백호 구수한 영일만
누룽지 배어있는
언제 봐도 맛있는
보기만 해도 떠오르는
알맞게 익어 항상 생각나는

곧 가겠다한 약속
기꺼이 문 열고 받으니
더욱 기대 꽃 피어올라
무럭무럭

고래 잡으러 떠나는 어부
비단같이 펼쳐진 드넓은 바다
운동장보다 넓은 그물 던져
월척 건지려는 심정

흘려듣는 인사치례
다음에 나중에 아닌
날짜 새기고 보낸 신호
이미 알아들었으니
육이오 상기하듯 그날
손가락 지문 되어
증명하고도 남았으니

정말 좋다

춥다고 천만에
모처럼 뛰어보니 땀이 물 되어 샤워하는데
털외투 잔뜩 휘감고도 꼬부랑 할머니처럼 어깨 숙이고

아무리 추워도 발산되는 신비한 몸의 기운
뼛속까지 스며드는 이 상쾌함
보약 백첩보다 더 영양 높은 두 다리가 준 선물

매일 마신다면 젊어지는 소리
그 맛에 취한다면 절대 놓칠 수 없는
나쁜 것 걸러내고 좋은 것만 빨아들이는
오매 좋은 것

풀렸다

드높던 기세
꼬리 풀린 망아지처럼
고개 푹 숙이니
싱거운 맛
겨우 그 정도 힘쓰고
아직 맛도 못 봤는데

여자의 눈물

술 들어가니 눈 흐른다
평소 같으면 절대 보이지 않았을
아마도 자고나면 그때 왜
물밀듯이 밀려오는 강한 소용돌이

감정샘 건드리니 걷잡을 수 없이
뚫린 샘물 한정 없이 간신히 막아본다
그대로 두었다간 강이 되고 바다 되어 넘실거릴 테니

잠시 흐르는 침묵
막아도 또 새어 나오는 억세고 강한 줄기
이제는 엄두나지 않아
가만히 바라만 볼 수밖에

할 일 다 했다는 듯 저절로 멈추고 진정하니
스스로 눈치 챈 탓
지나치게 보이다간 역풍 휘말려 퇴색될 움직임
알아서 잠갔다

어쩌면 술 핑계 삼아 넘치던 감정 한꺼번에 흘려보내려고
구멍 뚫린 하늘처럼 비 쏟았는지
뭔가 있기는 있는데
도대체 아무리 찾으려 해도 찾을 수 없는
수수께끼 같은 일

동물애호가

개와 고양이
언제부터인지 모르지만
가족처럼 한 집안 살면서
침실도 같이 식탁도 같이
헤어질 땐 안녕
내 아이만큼 정 가니
아마도 없으면 옆구리 칼 맞은 것처럼 아플 테고
잃어버리기라도 했다면
온 동네 쑥대밭 되도록 뒤졌을 테니

어느새 햇수로 이 년
그동안 나눈 교감 어찌
풋풋한 정 도저히 잊을 수 없으니

자다가도 찾기 일쑤
집에만 오면 제일 먼저 부르는 이름
애교가 미스코리아 저리 가라지

아내를 기다리며

자정을 넘어가는 시간
아무런 기척 없어
폰 돌려보니 전원 실종

잠은 기다렸다는 듯 다가오니
신경 끄고 누워 보지만
소식 한 마디 없이

곧 오겠지 상관 말고
어김없이 찾아 온 밤 친구
이제 만나러 가야지
어디서 바스락거리는 소리
곧 문 열릴 테니 걱정 말고

눈 온 아침

자고 일어나 보니
눈이 새색시처럼 곱게 왔다
아직은 옷 입은 채로
젖기 전에 서둘러야지

새색시 오는 날엔
동네 사람 구경난 것처럼
떼거지 몰려드니
여차하면 놓치기 십상
간만에 반가운 손님
웃으며 인사해야지

버스 운전사 백 군

시발이라는 막중한 책무
새벽부터 밤늦은 시간까지
고마움 가지만
때론 걱정 연기처럼 솟는다

옆자리 애인처럼 붙어있는 폰
가다가 한 번씩 만지고
이번엔 키스한다
아무리 예쁘다 해도 대놓고
성희롱 고발할까보다
안 보는데서 조용히 연애하고
시발할 땐 잠시 미뤄두고

마라톤 다진 체력 인정하고도 남지만
별개 문제
자꾸 애인 쳐다보다
눈길 전봇대 키스하면
그때서야 눈물 흘릴래

뭐 봤지

두 시간 동안 아이스크림 같은 적당한 조명 알맞은 볼륨
솜털 같은 포근함 어깨 만지니 주위 환해지며 하나 둘 일어나는 소리

뭐가 왔다 간 것 같은데
사우나 갔다 온 풀어진 고무줄처럼 느슨한 후들후들 다리 춤추는 소리

어쩐지 잘 안 맞다 했는데 바꿔 달라 할 수도 없고
억지로 입으려 하다보니 실밥 터져버려
첫 단추 잘 끼워야 했는데

아직도 계속되는 후유증 판타스틱 말 한마디 속아
지금도 여행 중
아무런 기억도 남지 않는 왔다 갔다 시간만 죽인

돌이킬 수 없는 선택 쓰린 배 만지며
김빠진 맥주 신세 되어 돌아가는 삼각지

국과 욱

나란히 달리는 사진 한 장
절대 질 수 없다는 불끈 쥔 두 주먹
두 눈에 타오르는 승부욕
터질듯 삐져나온 근육
빨리 가라 채찍질
사나이 자존심 걸린 순간

국이냐 욱이냐
잔뜩 주름진 국의 얼굴
누가 봐도 불쌍한데
검은 선글라스 얼굴 숨긴
욱은 전혀 변하지 않으니
미안하지만 국보단 욱이
진자만으로도 결과 나왔겠지

김치

갑자기 생각난다
요놈만 있어도 꿀이었던
요즘 아이들 가까이 오는 것조차
오묘한 맛 모르고
피자 햄버거 달콤함 중독
정작 잊었다
밥이든 라면이든 떡국이든
이거 하나면 한 그릇
귀신 놀라 자빠지도록
순식간에

마스터즈에겐

삼십사 분이니 삼십오 분이니
엘리트 이십칠팔 분
듣다보면 한참 못난이

직접 느껴보면
사십 넣기도 힘든
앞만 보고 미친 듯이
사생결단 죽어라

해보지 않고는 도저히
우리 같은 마스터즈
오만상 다 써도 느끼는 장벽
삼십사오 분
ㄱ 위대함이여

시를 외운다는 것

자작시
직접 낭송하는 시간
아마도 수십 번
아니 수백 번
어쩌면 수천 번도 더 되새겼을

개미떼 같은 하객들 청중으로
자신 있다는 자세로 한 줄 두 줄
뻥 뚫린 고속도로처럼 시원스럽게
안정된 속도로 질주하다
갑자기 들어오는 브레이크등

순식간 막혀 급브레이크
어쩔 수 없이 제동해야 하는 순간
잘 안다고 잘 달릴 수 있다고
잘 아는 길이기에
자신 있게 가속했는데

단 한군데 막혀 버린 상황
이미 수습하기엔 늦어 버려
건너뛰고 다음으로 넘어가
등줄기는 왜 이리 축축한 거야

마음뿐

연말은 기다릴 틈도 안주고
도무지 잡기 힘든 로또처럼
쉴 틈 없이 짜여진 각본
고치고 다듬으려 해도
입맛대로 맞추기 힘들어
하나가 맞으면 다른 하나가 또
갈랫길 셋만 돼도 삐걱대기
차일피일 그러다 일 년이 삼년 되고
십 년 되고 돌아가시지
또 뒤로 넘기다
결국은 그냥 되풀이
어쩔 수 없는 마음만 살아있는 도돌이표

김성일 빵집

성일표 구미 파리바케트
겉모습만 봐도 떠오르는 푸짐한 얼굴
한 번 안 가봤어도 가본듯한
만날 때마다 만나는
땡처리도 아닌데
괜스레 미안함에
집근처 오늘도 들리고 아마 내일도
그때마다 기억나겠지

카톡 중독

니코틴 안 마시면
수전증 걸린 환자 되는 골초
카톡방 일 분 일 초
맛들리기 시작하면
히로뽕보다 더 심한 유혹
헤어 나오지 못하는 깊은 바다
밥 먹다가 똥 누다가 그거 하다가도
톡소리 미치도록 반해
안보면 망치 한 대 맞은 것처럼
구멍나 찢어진 머리
피가 떡이 되고 말라 껍데기 남아도
달콤하고 짜릿한 유혹
절대 그냥 두지 못해

스크린 골프

엄동설한 먹물 머금은 밤
대형 스크린 마주보고
휘두르는 손 맛
클린 샷 기분마저 날리니
황제 따로 없다

땀 뽑은 뒤 느끼는 맥주 한 잔
쭉 뻗은 터널 뚫린 것 같고
꽉 막힌 하수구 시원하게
내려가는 지상천국
맛보지 않은 사람 느낄 수 없는
밤과 함께 스크린

뭐가 춥다고

웅크린 구부정한 몸
별로인데 이만하면
과장된 듯한 몸짓

새파란 얼마 먹지도 않았는데
겨우 그까짓 것 가지고
어깨 활짝 나무처럼 세우고
양다리도 활짝 기지개 펴면서
모양새라도 세우면
그림이라도 좋을 텐데

팔십 노파보다 못한
너무 일찍 시들어버린
늙은 꽃처럼 보기 싫은
영 불편하기 짝이없는 모양새

한마디 던져준다면
아마도 본색 드러내며
열흘 굶은 호랑이처럼
이빨 들이 대겠지

제일약품

겨울 문 열리는 첫 주말
하얀 비단 깔린 안양천
공원사랑마라톤 찾아 온
제일약품마라톤

반가운 손님 푹신한 방석 깔아주니
절로 솟아오르는 흥분된 힘
칼바람 비켜가고
심술궂은 동장군 기세도 한 풀 꺾여
알알이 샘솟듯 구슬방울
뛰어 올라오니
머리부터 발끝까지 온몸으로 퍼지는
뜨거운 열기

바로 이 맛이다
땀으로 깨끗이 씻어 버리는
투명 유리거울 같은 청량함
제대로 알려준 참 고마운 안양천 뛰어 온
제일약품마라톤

찜질방

추우면 추울수록
뜨거우면 뜨거울수록
땀이 몸 씻어도
그럴수록 더욱 더
강하게 유혹하는 힘
힘들이지 않고 가만히 누워만
그래도 알아서 자동으로
처리되는 분비물
달콤하고 개운한 맛보지 않고는 상상하기 힘든
그래서 더욱 찾게 되는
남녀 구별도 없이
생판 남남 나란히 뒤집어도
당연한 듯한 별천지
절대 밑지는 장사 아니니
일단 한 번 누워 봐
온몸 젖도록 시원하게
마사지 해 줄 테니까

약한 시위

밤새 흘린 눈물 겨우
생각보다 적은 자욱
좀 울다 그쳤나 보다

덕분에 가는 길 쉬워졌지만
싱겁게 맛만 본 것 같아
어젯밤 기세라면
온통 하얗게 덮고도 남았을 텐데

달 바뀌니 뭔가 다른 모습
시위하듯 거세게 입김 불더니
참았던 울음 쏟아내고

생각은 파도처럼 밀어 보지만
쉽지 않은 일
굼뜬 몸 겨우 움직이니
오늘도 그냥 넘어가는 하루

대타

이 대신 잇몸 방법은 살아있어
없으면 안 될 것 같아도 다 굴러가

스페어 있으니 아프면 갈아 끼워
코 막히면 입으로 발 없으면 손으로
기막힌 대타

꼬리 없어도 살아
쓸데없는 거 잘라내고 알짜만 남겨
그래도 굴러가

여럿 뭉쳐 부족한 것 채우고 밀어주고 땡겨주고
갈아타는 불편함 그래도 갈 수 있기에
싼 맛 즐기는 거지

이유 없이 비싼 것보다
이유 있어 싼 거 속아도 속 쓰리지 않아

일회용 한 번 쓰고 과감히 버려도
미련하나 없기에
임무 마치는 순간
조용하고 쓸쓸히 사라지는 잉여 좌석

영화관 미팅

결혼 21 년차 부부 미팅
우리 영화 보러 갈까
웬일로 아내가 이게 왠 굴러온 호박
두 말 없이 오케이
인터스텔라

마치 연애할 때 기분
영화 보는 눈 행복 찾고
아내 잡은 손 흐뭇한 미소
혼자가 아니어서
영화 보는 내내 되돌린 시간
풋풋한 젊음 꽃피던 시절
마치 우주선 타고 떠난 것처럼
꿈속을 거닐던 기분

축시) 남진우 교수 '대산문학상' 수상

문단 최고 상금 오천만 원
월척 건진 그것도 두 번씩이나
뛰어난 미문 읽는 이마다 절로 입 벌어지니
손이 안 갈래야 안 갈 수 없는 선택
누가 봐도 감히 비교조차 할 수 없는
탁월한 성과

풍기는 귀공자 외모만큼 멋들어진 글귀
실 한 올 한 올 정성들이듯 짜고 또 짠 예술
아무리 읽고 또 읽어도
아름다운 향기 가시지 않으니
절세가인 따로 없는 그 자태

달랑 한 장

일어나보니 12월
크리스마스 캐롤 어느새
메리크리스마스 앤 해피뉴이어
2015년 알리는 소리

줄줄이 이어진 약속들
하나 둘 만나다 보면
번개처럼 지나갈 마지막 한 장

너무나도 빠르고 짧기에
함부로 흘려보낼 수 없는
가지 말라 붙들고 애원할 수 없는
잠시도 쉬지 않고 지나가는 칼 같기에
베이지 않으려면
잠시도 눈 돌리지 말아야
어느 순간 칼 맞을 수 있으니

외롭게 남은 한 장
지탱해 보지만
지금 이 순간부터 하나 둘
소멸되어 끝나 버릴 순간
도저히 버틸 수 없는 운명

2

비오는 산행

예정된 산행
하늘 훼방 논다고
가던 길 돌릴 순 없다

비 벗 삼아 산 만나는 일
낭만 있고 운치 있고 벗 있으니
목욕하듯 시원하고 상쾌한 기분

기꺼이 나선 길
조금의 망설임도 주저함도 없이
발걸음 저절로

혼자라면 돌아갔을지도
가야한다는 의무감
흔들리는 마음 달래고
채찍 되어 때린다

부러운 여자

동갑이면 한 십 년
남자보다 길게 살면서
먹고 자고 입고 운동
날마다 가꾸니
술독 일독 찌든
그래서 짧을 수밖에 없는
나이들수록 격차 벌어지니
팔십 대 열에 한 둘
구십 대 백에 한 둘
백 대 아예 씨 말랐지

꼭이요

다짐하듯 이번만큼은
벌써 몇 차례 펑크
벼락 맞아 쓰러지더라도
칼 맞고 눈 감더라도
반드시 기필코 지켜야 하는 절체절명의 순간
지켜야 하는 부담감
그래도 해야 하기에 머릿속 깊이
귀청 떨어지도록 운다

새벽 인간

동이 기지개 펴기도 전
부지런한 몸 벌써
살아서 하루 꿈틀거린다

저마다 간직한 사연
새벽 뚫고 나와야 하는
도시의 생존본능

시발버스 새벽 자르고
흰 눈 번쩍이며 힘차게 나르는
활기찬 시작

잠든 어두컴컴한 하늘
놀라 깨어나려고 폼 잡는데
미동조차 하지 않고
가야하는 길

시위하는 눈동자 못 본 채 무시하고
맹수 같은 날렵한 자세로
저항하여 굴복하지 않도록 강력한 대응

싸워 이기지 않으면
빼앗겨야 하는 어쩔 수 없는 처절한 운명

우는 새벽이라도 달래가며
성큼성큼 손발 움직여 뛰어야만 하는
무한궤도

깨어야 하기에 깰 수밖에 없기에
필연적으로 극복해야만 하는 상대

가장 먼저 깃발 꽂았다고 좋아하는
아무도 가지 않은 미지의 땅
첫 발 디딘 암스트롱 득의의 표정
마치 다 잡아서 먹은 것처럼

벼락치기

오늘도
아슬아슬 줄타기
초 다투는 긴박함
똥줄 타는 소리
머리끝까지 퍼져 건드리기라도 하면
다이너마이트

능구렁이처럼 배 째라
번데기 속마음 차마
이왕지사 이판사판인데
안면 강철 깔고
무대포 밀어부쳐
괜스리 다리만 춤추고
어차피 이케 되었는데

나가 달라는 소리

오십 대 중반 베이비붐 세대
어느 날 갑자기 지방 발령
가야 되나 말아야 되나
밤새도록 계속되는 갈등

그 나이에
동냥 죽이라도
냉큼 고맙습니다
부산이면 어떻고 제주도면 어때
살려만 주신다면 당장 짐 싸야지

서서히 가해오는 목졸림
밑으로부터 치고 올라오는 소리
견디지 못하면 스스로 결단
그래서 죽은 사람 한 둘인가
명태는 쳐다 보기도 싫고
생태만 먹고 싶은 데

어쩔 수 없는 운명의 시계추
거스를 수 없는 폭풍우 휩싸이면
나도 모르게 약해지는 마음
여기저기 기웃거리며
어디 문 열린 데 없나 쳐다본다

놓쳤다

미꾸라지처럼 빠져나간
잡았어야 했는데
멍청하게 놓쳐버린
아무리 후회해도
죽은 사람 살릴 수 없고
바보 같은 쓴 웃음만 머리 때리고

더 이상 흘리지 말아야 하는데
앞으로 또 얼마나 더
문단속도 못하고 칠칠맞게
뭐가 먼저인지도 모르고
천방지축 버리고
찢어진 그물 고기 잡으려 하니
어느 눈 먼 사람 걸려들 거라고
차라리 누워서 감 떨어지길 기다리지

그 걸 놓쳐 그 걸 바보 같이
다 잡은 고기인데 왜 왜 왜
한심한 생각 어찌 할까
얼마나 소중한 것인 데
눈앞에서 놓쳐 버린 어리석음
밤새도록 머릿속 짓밟는다

마지못해

느지막한 여유 충분하리라
맘껏 먹다보니
어느새 차 떠날 시간
급히 올라보지만 게임 시작

기다려도 오지 않는 선수들
발 벗고 나서지 못하고
억지로 끌려가는 도살장 소처럼
자유로울 때 나서지 못하고
문 닫을 때 겨우 허둥지둥 약속 울게 하고

처음부터 단단히 못 박아야
빠지지 않을 텐데
믿고 맡겼더니 아무것도
대수롭지 않은 일 치부하고
억지로 시늉만
한 눈에 알아볼 수 있는
믿는 도끼 목 찍는다더니

질주본능

보이는가 싶더니 어느새
달린다기보다 날아가는 새처럼
너무도 가볍고 흥겨웁게
어느 한구석도 보이지 않는
태연하고도 당연하다는 눈빛
사막과 평원 휘저으며
야생마 흑표범처럼 마음껏
달리는 기관차

아무도 멈출 수 없는
엄두조차 나지 않는 강한 스피드
게다가 본능까지
달리기 위해 태어난
달리기 떠날 수 없는
가까이 하기엔 너무나 먼
꿈이요 이상이 된 탈출구

벗어나기 위해 뛰어야 하는
엄청난 재능과 실력 앞
달려보지 않고는 도저히
간 볼 수 없는 폭풍보다 더 센 강력한 회오리

오로지 투지와 끈기만으로
타고난 질주 대적할 수 없으니
점점 더 멀어져가는
갈수록 뒷걸음질 칠 수밖에 없는
슬픈 자화상

어마어마한 가속도로 눈앞 스칠 때마다 느끼는
도대체 인간인가 총알인가

세 시간만 도착해도 뿌듯한 만족감 도취되어
최소 새마을호 탄 기분
두 시간이면 도대체 뭘
KTX도 지치는데
그 보다 제트기로

그동안 참 돈 많이 썼겠지
제트엔진만큼
방방곡곡 달려
이제 원금 이자 뿌리 뽑고도 남아

잘 될 거야

놀란 가슴 이제 버려
모두들 한마음 기도 덕분
괜찮아 걱정마 문제없어
보란 듯이 아무 일 아닌 것처럼
훌훌 털었잖아
지켜주고 바라봐 준 친구들
마음 속 깊이 아로 새겨
고맙다란 말로는 성에 차지 않는데
달리 찾을 길 없어
그저 눈으로 얘기해 봐
세상은 오염되어도
깨끗한 샘물 있다고

아침부터

아침을 여는 소리
너도 나도 한 마디
살아서 움직이는 하루의 시작

내 일처럼 작은 관심이라도
위로가 되고 격려가 되어
욕 머리끝까지 뻗쳐도
식히고 없앨 수 있어

작은 일 하나에도
굶은 맹수처럼 당장에라도
잡아먹을 것 같은
살벌한 분위기 녹여 버리고
부드럽고 따뜻한 손길로
아픔 닦아 준다

아침을 여는 요란한 지저귐
배고파서도 아니고 심심해서도 아닌
혹시나 행여나 티끌만큼이라도 있을지 모르는

고압전선 감전된 듯한 느낌
여전히 지울 수 없기에
위로하는 목소리

아무리 시끄럽다하더라도 시끄럽지 않고 반가우니
말 한 마디 한 마디에 담긴 애정
새싹 돋듯 피어오른다

찜질방

대한민국 전국 어디든
나그네 24시간 두렵지 않다
훈훈한 기운 넘쳐흐르고
남녀노소 어울릴 수 있고
부담 없으니 이만한 곳
발 터지도록 다녀도
그림자도 없어
만난다는 설레임
동서남북 한 곳에
대구 가는 열차 속
도착하면 마중 나와 반겨 줄
우리 하룻밤 기대야 하는 곳

대구 지하철

경상도 아가씨
속사포 같은 속도로
쉴 틈 없이 쏘아 대는데
귀청 돌아가실 지경
잡았다하면 도무지 놓지 않는
무시무시한 폭발력
서울과는 다른
도저히 따라갈 수 없는
억수로 억센 액센트
여기는 대구 지하철

일어나서

눈 떠보니 일곱 시
뜨자마자 탕으로
몸 담그니 어느 순간 도망간
어젯밤 찌든 때

서둘러 만나야 할 시간
하나 둘 모여드니
왜 안 오냐 기다리는데
어젯밤 후유증
예정 시간 훌쩍
그래도 함께
마지막 한 명까지

기차 여행

대구행 무궁화호
발차 시간 다가와
설레는 마음 옮기는 발걸음
소풍가는 학생 되어
마음은 벌써 대구에
의기투합 하나 되어
먼 길 달려 온 친구들
왁자지껄 떠들다
밤 지나가는 것도 잊고

오미자

101 살 할아버지
목소리 살아있고
장딴지 멀쩡하니
뒷동산도 토끼마냥 껑충껑충
도끼자루 손에 쥐고
하늘 높이 치솟으니
절로 터지는 감탄사

백 세 비결 오미자
푹 끓여 저장해
오십 년 한결같이
친구처럼 애인처럼 애지중지
천수 비결 거기 숨었네

양띠 마라톤

달구벌 의기투합
전국각지 모인 67 양
양복 갖춰 입고
형제 남매 자매 같은 친구
훈훈함 전해오는 손길
반갑다는 인사 끊이지 않으니
절로 사는 기분
좋은 기운 올라오니
최고의 보약
서부실 자리 잡고
사상 최대 마흔셋
오고가는 마음
한 잔 두 잔 넘치도록
달구벌 떠나도록

노약자 석

앉을까 말까
자리 비었는데
오면 일어나면 되지
일초 간 갈등
어느새 엉덩이 자석 되어
눈치 보며 가는 시간

다행일까 불행일까
둘러봐도 보이지 않으니
앉아도 편하지 않으니
아직은 앉아서는 안 되는
오히려 더 불편한

노할 노
약올릴 약
자책감 자

앞으로 한 오십 년
앉지 말아야 할 자리

비오는 체육대회

비 우네
늦가을 낙엽 재촉하는
시원한 샘물 뿜어주네
쭉쭉 마시며 올라가라고

싫은 게 아니라 반갑네
운치 맛보며 걷는 기분
이런 날 아니면 언제 또
미루고 미루다 이제서
가을 도망가는 마당에
크리스마스 종소리 우는데
송년회 기다린다고 아우성인데
간신히 막차 잡아 떠나는
해 저문 가을 산행

그래도 혼자 아니어서
위안 찾으며 지각한 일
깨끗이 잊어버리고
낙엽 깔린 푹신한 산허리

지근지근 밟으며
가슴 뚫린 청량함 온몸으로 느끼며
막바지 가을 찌든 때
박박 밀어 상쾌해진 기분

비 계속 우네
그래도 좋은 걸
인사하는 새들과 나무들
웃으며 화답하니
지워지지 않는 입가 잔주름

당선소감

믿음 주신 한 표 한 표
소중하게 가슴으로 잊지 않겠습니다

발 벗고 땀나도록 뛰고 또 뛰며
기대 결코 버리지 않겠습니다

부족해도 넘치는 사랑으로 가득 담아 주신 힘
굳세게 지키며 줄기차게
앞만 보며 묵묵히 나가겠습니다

격려 채찍 얼마든지
마음껏 때려주시고
때론 어루만져 주신다면
신바람 나게 달게 맛보며
항상 웃음 짓겠습니다

살신성인

세상은 아름답다
훈훈하게 전해오는 미담
내가 아닌 남을
불구덩이 뛰어드는 용기
죽음 무릅쓰고
불의와 악수할 수 없고
위험 못 본 채 할 수 없다

내 한 목숨 생각할 틈도 없이
순식간 벌어진 일
일 초의 망설임도 없이
위험 안고 뛰어든다

죽음의 그림자 마수의 손길
아무리 내밀어도
결코 그냥 못 가기에
마지막 되더라도
한 떨기 꽃으로 날아가더라도
과감하게 덤빈다

한 줌 흙이 되어 돌아선 발 길
의로운 희생 그대로 묻을 수 없기에
후세에 영원히 남을 귀감으로 보존
그들은 우리의 영원한 영웅

4번 타자

4번 타자 원한다
왕자이며 공주이기에
누구나 주연이고 싶은 마음
들러리가 되고 싶지 않은
자리는 하나
서로 앞 다퉈 갈구하기에
언제든 있을 수 있는 갈등
쉽게 포기하고 양보하고
유순한 양이 되기보단
정복자 호랑이 되어
날카로운 이빨 뾰족한 발톱으로
4 번 타자 꿈꾼다

한국 마라톤TV 신도림 시대 개막

풀뿌리 마라톤 시대 개척한 선구자
친근한 벗으로 활짝 웃으며 다가와
신도림 둥지 틀었다

한국마라톤TV 공원사랑마라톤
서귀포에서 평양까지
울릉도 백령도 금강산
달릴 수 있는 곳이라면 전국 어디라도

항상 웃으며 반겨주는 신도림 도림천
형제자매 친구 다정한 이웃사촌
어깨동무하며 항상 어울릴 수 있는
그래서 더욱 보고 싶고 찾고 싶은
공원사랑 마라톤
빛나는 신도림 시대 깃을 올렸다

조스 떡볶이

출출해서 조스 먹었다
무법자다운 매운 맛
사나이 울리는 어디서 많이 들어본 듯한 소리
선혈 낭자한 몸에서 비릿하게 퍼지는 냄새
진한 향기 내뿜으며 포물선 그으며
온몸을 회오리친다
인정사정없는 잔혹함
생각만으로도 몸서리쳐지는 오싹한 기운
어두운 골목 환한 별 되어 진하게 내리 쬔다

승부수

스피드 자신 있다 했지
가시권 이탈하면 승부 끝
꽁무니 쫓아가며 신경 만지지 말고
오로지 한 생각
반드시 잡는다

첫 끝 발 똥 끝 발
벌어지지만 말고 최대한 아끼면서
조금씩 조금씩 올려가며
막판 저축했던 모든 힘
마지막 심정으로
띄워라 그래도 안 되면 할 수 없지만

무시무시한 꿀벅지 괴력 믿어보며
한 번 밀어부쳐
결코 불가능 아닐 테니
이왕지사 제일 높이 올라
그 예쁜 보조개 찍혀야지

술 이야기

남자들 세상
술 도망간다면
술 사망했다면
모임도 줄었을 테고
얘기 거리 찾느라
고생했을 테고
빛나는 조연처럼
필히 껴있어야 하는 것

하루 종일 떠들어도
시원치 않을 양념
참 모양도 성격도 가지가지
끝장 볼 때까지 오고 가는 심사

부어라 돌려라 취해라
뒷감당은 아는 바 없고
도를 넘은 액션
뼈 부러지는 건 약과
생명 왔다 갔다

그래도 좋은 걸
현재 이 시간 즐겨야 하기에
떡이 되든 밥이 되든
한 잔 두 잔 석 잔
일 차 이 차 삼 차
얼씨구 좋다 좋아
입 삐뚜러지고
코 돌아서도
절대 놓을 수 없는
남자라는 이유만으로

오빠

불러 주세요
항상 부르고 싶어요
든든한 등불 되고 어깨 되고
받침대 되고 나침판 되는

얘기할래요
참았던 지난 날
뭘 망설이겠어요
알고 싶어요
꼬인 길 풀어 주세요

오해 와전
이젠 풀어야겠죠
나서 주세요
선생님 부르기 전에
웬만하면 술술 풀어 주세요
믿으니까요

벤츠 판매 왕

벤츠 9 년 연속 판매 왕 신동일
스마트폰 새겨진 일만 일천 명
삼 초면 형님 누님
추석이면 황태 일천이백오십 통
난공불락 년 이백 대 금자탑
마흐바흐 팔억 원
상상초월 막다른 골목 선택한
목숨 건 도박

첫 고지 올랐을 때
그칠 줄 모르는 폭포수 같이 흘린 눈물
도저히 힘들 것이란 이백 대
월 한 대도 쉽지 않은 시장
발 벗고 나선 강연
청중은 고객이 되어
입소문 제 발로 문 두드리니
기하급수적으로 올라가는 그래프
어엿한 사장님
무에서 유가 창조되니
대한민국 최고라 해도
감히 누가 뭐라 할 수 없는
그 이름 석 자

헌혈

피 보는 중
매달 최소 한 번
습관적으로 만나다 보니
어느새 115 번

지나가다 빨간 차만 보면
날짜 세어가며 들린다

잠시 누워 팔 힘주다 보면
작은 나눔 기쁨 솟아오르고
샤워한 것처럼 상쾌하다

남을 위해 내 줄 수 있다는 것
무한대 짜릿한 희열로
온통 충만한 기분
이 맛으로 계속 찾게 된다

입맛

마라토너로 살다보면
강철도 생자갈도 뭐든 맛있다
샘솟듯 솟아오르는 입댕김
억제해야 한다는 거 알면서도
언제 그랬냐는 듯 돌아서면
까막눈 되어 버리고
굴복 당한 후에야 뒤늦은 후회
가까이 할 때는 상관없다가도
잠시만 한 눈 팔아도 야금야금
독버섯처럼 온몸에 침투하여
군더더기 찐득이 찰거머리처럼
물밀듯이 밀려오는 혀와의 전쟁
눈 코 귀 입 다 막아도
도저히 참을 수 없는
쓰나미 휩쓸 듯 밀려드는
주체할 수 없는 돌도 씹을 것 같은
아무리 아무리 노래 불러도
그때만 잠깐 어느새
차라리 꿰매 버릴까

선전포고라도 해야 할 입장
더 이상 그대로 놔뒀다가는
도저히 주체할 수 없기에
독한 마음으로 문 걸어 잠그고
최대한 참고 또 참을 수밖에

장어와 복분자

원 없이 만나 즐기고
붉은 기운 찰떡궁합
시뻘건 연기 알맞게 익으니
입 안 가득 달라붙는 깨소금

힘 솟게 만든다는 것 있는대로
절로 뻗치는 기운
폭발하기 일보 직전

터지도록 흐뭇한 웃음
배안 가득 번지니
만족한 기름 좌르르르
한 열흘 쉬어도 든든한
도저히 참을 수 없는 이 포만감

고(故) 김자옥

공주는 아무나 될 수 있어요
너무나도 낯 익은 목소리
해맑은 웃음만 기억될 뿐인데
이렇게도 갑자기
암이 있었다는 사실조차도 생소한 데
공주답게 고고하게 살다가려 했던가
아무에게도 티내지 않고
항상 웃음 그치지 않는 얼굴
도저히 상상도 못했는데
웃음 뒤에 감춰진 고통의 나날들
처절한 생사의 투쟁
끝까지 지키고자 했던 왕관
괜스레 밀려오는 황량한 모래 바람
웃음 던져주고 떠난 텅 빈 자리
돌이킬 수 없는 운명
짧은 인연 영영 묻히고 말았다

씨와 밭

씨받이가 있었다. 밭이 안 좋아 대신 밭을 갈아주는 싹을 티우면 본래 자리로 돌아가야 하는 싹이 텄다. 씨도 씨받이도 싹을 좀 더 키울 때까지 기다리고 싶었다.

대리 경작 시작됐다. 싹은 무럭무럭 컸다. 제자리로 돌아가야 할 시간 차일피일 눈치 보며 미루다 눌러 앉았다.

빌려준 밭은 노발대발 씨도 씨받이도 모두 엎어 버렸다.

빌려줘서는 안 되는 밭이었다. 싹을 티우지 못하는 밭

그래서 빌려줬을 뿐인데 애초부터 잘못이었다.

씨를 몰랐다. 너무 믿은 게 화근이었다.

결국 밭은 씨를 버렸고 씨는 씨받이를 받아 들였다.

혹시 시인이세요?

혹시?
아닐 수도 있고 길 수도 있는 데
아니면 어쩌지
시를 자주 만나는 데
이름만 봐선 알 수 없고

혹시?
좋은 것 같기도 하고 안 그런 것 같기도 하고
맛이 든 것도 같고 아닌 것도 같고
자주 보는데
뭐라 말하기도 그렇고

혹시?
용기 내어 시인이세요?
아니면 어떻게 그렇게 자주
시를 노래하나요?

혹시?
떼어 주세요

시가 좋아 시를 매일 먹는
시인이에요
자식을 네 명이나 두었지요

내시가 된 고양이
시를 마시고 싶다
시대의 눈물
웃다가 울다가
제가 나은 자식이에요

기꺼이 아주 기꺼이

전혀 예상치 못했을 때 느끼는 놀라움
예상 했는데 어긋났을 때 실망감
극적 반전 아무도 꺼리는
그래서 더 하고 싶은
더 감동적인 더 잊을 수 없는
무모하다면 포기했을 터
전혀 그렇지 않지만
그만한 시간과 돈과 마음
쉬 낼 수 없는 대부분 사람들
모든 것 극복했기에
더욱 친하게 다가와
결코 잊을 수 없는 기억

기꺼이 찾아 나선 길
어떤 장애물도 마음 앞에
진정코 원하는 행동 당할 수 없는 일

누구나 쉬 한다면 쉬 사라지지만
누구나 쉬 하지 못하기에
더욱 빛 감싸
흐뭇한 마음 즐거운 기운
온몸 휘감는 회오리바람

아내

옆에 있어 주는 것만으로도
말할 수 없는 위안과 청량제 되는 그대
허전한 빈 자리 채워줄 수 있고
때론 애인처럼 때론 엄마처럼
모든 투정 다 받아 줄 수 있는

진한 아메리카노 음미하며
바라보는 노을 환상적 모습 속 떠오르는 그림자
맺어진 인연 끈 풀리는 날까지
절대 놓을 수 없는 소망
너무나 감사해야 하기에
감사한 줄 모르고 사소한 일
그냥 스쳐 버린 미안함

세상 이 보다 더 큰 월척이
이 보다 더 큰 횡재가
생각만으로도 저절로 피어나는 미소
흐뭇한 기운 온몸을 휘감고 돌아
방금 온천욕 하고 나온 것처럼 개운하게 퍼지는 향기

맹세코 돌아서지 않으며 절대 놓을 수 없는
짚신짝 되어
사라지는 그날까지 한마음
혼자만의 생각이라도
간직할 수 있는 것만으로도
그 조차 품을 수 없는 홀로된
짝 잃은 철새와 비교할 수 없고
이루 셀 수조차 없는 축복
하늘이 내게 준 최고 선물

연탄가스

그날 낮 어머니는 굴뚝 목욕을 시켰다
세들어 사는 무허가 때밀이를 시켜 박박 때를 밀었다

이른 봄 밖은 삭풍이 나무에 엎혀 흔들리고
꽁꽁 얼어붙은 창문은 더욱 자물쇠 걸어 잠갔다

따뜻한 아랫목 찾아 몸 웅크리고 스르르 눈 감고
하루를 눕혔다

이른 새벽 어머니 혹시나 둘러 본 방안
매케한 연기 휩싸여
세상모르고 잠든 형제
꺼져가는 숨통
천우신조 아니면 그냥 보냈을 마지막 불씨
연기 속 사라질 뻔 했던 소름 끼친 기억
그렇게 아픈 추억으로 마음에 새겨지고 말았다

그냥 보내고

속에서 끓어오르는 소리
모른 채 넘어가지 못하고
귀 기울여 들으려하나
예약된 다음 약속
여유롭지 못하기에 그냥 흘리고
통과 외치며 지나간다

워킹 맘

새벽이 울면 어김없이
천근 돌덩이 같이 몸 추스르고
깨어야 한다는 의무감
하루는 딸이 하루는 남편이
또 다른 날엔 자신이
잠시도 놓아주지 않는 올가미
변명 같지 않은 변명
신뢰 잃은 시간들
기다려주지 않고 지나가는
확답하지 못하고 흐지부지
일은 거짓말장이야

주차 살인

정신이상자 칼 날 마침내
저지른 불장난
하루 이틀 쌓인 감정
피로 맺힌 분노

찾지 못한 자리
좁아터진 우리 넘쳐나는 장애물
극도로 예민해진 신경
층간소음 기억 떠오르며
또 다시 오지 말아야 할
너무나도 큰 상처

삼십 대 자매 일순간
접어 버린 한 맺힌 절규
목줄 타고 흐른 피
한 날 한 시 잃어버린 말

사라진 이웃
오로지 나 하나뿐
좁쌀보다 좁은 생각
잘못 만난 이웃
너무나 어처구니없는 운명

하지 마

과속하지 말라면 하지 마
과로하지 말라면 하지 마
과음하지 말라면 하지 마
욕심내지 말라면 하지 마
다 비우지 않기 때문
집착이 부른 화근

남자 이야기

오십 넘어 육십 바라보는
결혼 이십 육년 차
애가 되었다

하나부터 열까지
음성 행동 하나하나
아내 눈빛만 바라보며 졸졸졸

행여나 떠나갈까 의심스러워
온갖 애교 냄새 풍기며 놓지 않는 손
힘 잃고 처져버린 어깨
이 삼십 대 패기는 어느 강물에

점점 사라져가는 남성 호르몬
이빨 발톱 빠진 표범 신세

곧 시작하게 될 인생 2막
한 달 한 번 마법 벗어난 아내
눈웃음 살살 입가 보조개 활짝
아득한 추억으로 달아나고

점점 굵어지는 목소리 여성 호르몬 실종
역전된 게임

허락 없인 눈치 없인 어깨 펼 수 없는
애처럼 시키는대로
애가 될 수밖에 없는

처절하게 슬픈 남자인데 남자 같지 않은
우리네 슬픈 남자 이야기

보나마나

칼 휘두른 놈
여자 둘과 말다툼 실컷
아무리 싸워도
도저히 말로는 이길 수 없는
마지막 수단
말구멍 막아야지
이기지 못하면 고개 숙일 일
반칙 써서 이겼다고
그제야 고개 숙이네

운동해야 되는데

마음은 있지
시간이 없고 여력이 부족해
잘 하고 싶지
좀 못하면 어때
누가 놀려
누가 때려
초조하지마
병은 마음이야
못한다고 욕 안하고
못한다고 아무도
남의 일엔 관심 없어

어려운 약속

욕심 부리지 말아야지 하면서도
눈이 막혔는지 귀가 감겼는지
지켜지지 않는 약속
마음 지킨다는 것이 얼마나 어려운지
피부 먼저 안다

맨날 불평 늘어놓기 전에
두 손 귀에 얹고 반성 노래
목이 터져라 외쳐도
하루도 못가 집에 두고 온
떡 생각으로 온통 무장하여
언제 그랬냐는 듯 아침이슬처럼
자고 나면 찾을 수 없는
숨바꼭질 속마음

비양심

만원 버스 카드도 없이
만 원짜리 떡 들이밀면 어쩌라구
뒷사람 꼬리 물고 고무줄인데
매너 팔아먹고 배 쬤어라

양심 버린 검은 심보
그냥 꿀꺽 삼켜 버렸으면

밤

밤은 나를 뛰게 한다
아무 이유도 없이
경주말 뛰듯 힘껏 달리게 한다

캄캄하고 고요함이 주는 포근함
술 마시지 않아도
비틀거리고 꿈틀거리며
생동감 있게 깨우며
반갑게 웃는 유혹

이대로 흘려보내기 아까운 시간
밤은 그래서 더욱 매력 넘치는 여인

가까이 다가가면 물씬 향기에 취하게 만드는
다채로운 성격
놓치지 않고 이 밤을 갈구한다

어려운 결단

길고 긴 209일
차마 이대로 내려달라
떨어지지 않는 입
어떻게 내 입으로
자식을 남편을

지금껏 하루도 거르지 않고
쳐다보았던 침묵의 바다
끝까지 뒤지고 훑어
단 한줌 티끌이라도 보고픈
피 묻은 절규
가슴을 사시미 칼로 회 뜨듯 베어내고
뼈 발라 먹는 마지막 결단

더 이상 또 다른 아픔
보아서는 안 되는 일
밀물처럼 밀려들어
사정없이 때리는 심장 소리
찢어지는 울부짖음 미싱으로 재봉하고
터지는 가슴 본드로 다시 붙여
피 토하는 심정으로
어쩔 수 없는 참 어려운 결단

전염병

왼발 울더니 이제 오른발까지
증상도 쌍둥이
부어 오른 모양새까지
무대포 무절제 무개념
참 멍청한 주인 만나
생고생 말은 못하고
몸으로 신호 계속 보내도
귓구멍 막혔는지
뇌 구멍 났는지
도대체 하나도 알아먹지 못하고
그냥 입 헤 벌리고 침만 흘리니
웃어야 할지 울어야 할지
그나저나 이 일을 어째
양발 다 울고 있으니
특효약 찾아 빨리 처방해야지
지긋지긋한 전염병 정말 싫어

꽁꽁 붙들어라

나가 봐야 별 수 없다는 거
IMF 박차고 나간 선배 동료
다들 죽겠다고 아우성
이제와 다시 노크해도
절대 열리지 않는 문
모진 풍파 흔들리지 않고
남아서 버티니
최소 이순까지 보장된 터전
든든한 백그라운드
죽을 쓰던 똥을 싸던
붙들어 매달고 갈 수 있으니
십 년 넘게 새내기 구경 못하다
자연사로 나간 인원 충원
살판나는 세상
골 비지 않고는 절대 안 나가

3

빼빼로데이

어디서 건너왔는지 11월이면 마치 생일인양 찾아오는 빼빼로
동네 슈퍼부터 편의점 제과점 대형마트까지
온통 개선장군 마냥 떡 버티고 서 있는 용감한 녀석

도저히 그냥 지나칠 수 없어 하나가 둘이 되고 셋이 되니
한 바구니 종류도 각양각색
길쭉한 놈 뚱뚱한 놈 얇은 놈 두꺼운 놈
검둥이도 있고 흰둥이도 있고 붉으스레한 노랑이도 있어

11월 11일 생일이니 많이 찾아와 축하해 달라고
미리 미리 안내장 돌려오니
받고도 모르는 척 그냥 지나칠 수 없어
다른 날은 몰라도 그날만큼은 꼭 가마 약속 해 본다

후유증

신호위반 했더니
큰 사고 났다
빨리 가고 싶어 어쩔 수 없이
엑셀 밟았더니
왜 밟았냐고 생트집
울어대기 시작이다
아무리 어르고 달래도
고집불통 소용없는 짓
퉁퉁 부은 얼굴
빨갛게 상기되어
볼수록 미안한 마음
다가가 사과해도
이미 저질러진 물
어차피 용서받지 못할 일
잘못은 모두 나의 것
이제라도 무릎 꿇고
천 번 만 번이라도 회개하며
고통의 일만 분의 일이라도
덜어내어 용서 구할 밖에

될대로 되라지

오늘 뱃가죽 놀라 자빠지도록
좆나게 처먹었다
호텔뷔페에서 삼 년
굶은 거렁뱅이처럼
열 접시 깨먹고
저녁엔 장충동 족발
다리 잡고 개핥듯이 빨았다

뱃가죽 잔뜩 기름
만땅 채워 놓고
못 먹어도 서브-3
중마 출정식 올렸다
엄청난 기름 뱃속 가득 출렁
있는대로 쏟아 부어
엔꼬 될 때까지
달려봐야지

중간에 시동 꺼질 위험 높지만
객기 한 번 부려 보는 것도
인생 뭐 있어
도박 한 번 해보는 거지

중마 출정식

달콤한 잠 버리고
주섬주섬 떠날 채비
아직은 캄캄한 하늘
곧 밝아올 주위
충만한 에너지
여전한 통증
그래도 철철 넘치는 미련

이 주 전 참담했던 순간
거울 비추듯 떠오르는데
욕심 가득 미련 버리지 못하고
울든 말든 달랠 생각도 않고
오래 전 헤어진 애인 만날 때처럼
마음만 풍선되어
있는대로 부풀러
혹시 요행이라도 있을 것 같이
가볍게 떠오르는 망상

보나마나 악전고투
그림처럼 떠오르는데
마음만 걱정마라
천하태평 밑그림 그리고 있네

응원의 힘

깜짝 놀랐다
갑자기 내 이름 울렸다
연도에서 우렁차게 퍼지는
신성범! 신성범! 신성범!
메들리로 시끌벅적하게

들려오는 함성
쓰러져가는 나의 발 세우고
접으려던 마음 돌렸다
포기의 핑계 모락모락
피어오르던 연기
한순간 꺼져 버리고

활활 타오르며
다시 불 지폈다
꺼져가던 불씨 살아서
꿈틀대고 요동치며
다시 일어섰다

마지노선 지키기 위한
격렬한 발악
발바닥 뼈마디 고통 신음
저버리고 오로지
반드시 지켜야 할 목표
최소한 자존심
이마저도 실천 못한다면
미련 없이 떠나야하는 길
응원의 힘
만신창이 된 나를 살렸다

꿀잠

마라톤 뛰고 집에 와 누우니
저절로 빠져 드는데
거 참 기가 막히게 달다
이렇게 달고 맛있는
일찍이 한 번도 못 느껴
그야말로 꿀맛 중의 꿀맛
온몸을 빼앗아 가듯이
씻어주고 닦아주며
자근자근 마사지 하는 것이
구름 위 뜬 것 같은 황홀함
취하고 취해 밤새도록 마시고 싶은
최고의 맛
온통 내 몸 흔들어 놓았다

숨통

새벽 숨통을 뚫었다
있는 힘껏 최대한 심박수 올리고
몸속 기생하던 찌꺼기
놀라 허겁지겁 달아나기 바빠
짧고 굵고 강하게
꽉 막힌 통로 뚫리듯
펑 소리와 함께
샤워한 것처럼 시원해졌다

가끔은 뚫고 싶다
더러운 오물 버리듯이
아무 미련도 없이
더러워진 속을
터널 뚫듯 터뜨리고 싶다

아주 좋아

하루 30분 이상 운동
일주일 일곱 번
한 달 삼십 일
일 년 삼백육십오일
키 174
체중 66
술 담배 오 노우
잠 하루 일곱 여덟 시간
우울증 전혀
오우 퍼펙트
베리 굿
신체 나이 25
마라톤 보약
좋아
아주 좋아

양떼들

대구 가면 보게 될 양떼들
우글우글
대관령보다 더 많은 쪽수
말보다 빨리
토끼보다 날쌔게
순한 양 발톱 세우면
무대 한 번 싹쓸이
정임이 동욱이 두희 기영이
맘 만 먹으면
양 존심 걸고 빼라
사생결단 대구
양 맛 진하다
본 때 한 번 박박 밀어봐

얼릉 자

날짜 회기선 넘었다
자라
잘 밤 나발 소리 내지 말고
얼릉 이불 깔아라
푹 자라
낼 백오리 여행 가려면
남는 게 잠뿐
놓치면 찾기 힘든 기회
이제 꼬꾸라져
딴 세상 미로 여행
어서 가보자

첫 만남

오늘 가인을 처음 보았다
바로 옆에서
다소곳이 앉은 모습
분명 가인이었다

왁자지껄 소음 속에서
절제된 언어
수줍은 미소
그녀는 별똥별이었다
찬란한 광채
과연 자랑할 만한 가인

잡아 보려 했으나
총총히 연기처럼 사라진 그녀
가지마 좀 더 있다 가
나도 모르게 불쑥 터질뻔한 입
억지로 꾹꾹 눌렀다

긴 아쉬움 남긴 채
떠나간 가인의 여운
진한 커피 한 잔으로
겨우 달래 보았다

가발 쓴 남자

감추려 아무리 숨기려 해도
뭔가 보이는 어색함
알면서도 모르는 척
남 보이기 싫어 속앓이
나무 없는 민둥산
거짓 나무라도 심어야지
한 그루 한 그루 떨어질 때마다
타들어가는 나이테
지금껏 가려왔는데
속 답답하다고 이제 와서
뚜껑 열 수 없는 일
울창한 수풀 그리며
거짓 나무 태우고
한 올 한 올 심어 볼까
이 생각 저 생각
아무래도 민둥산은 싫어

갈증

쏟아지는 목마름
저절로 찾는 물
내 몸을 타고 창자를 지나
다리 끝까지 울려 퍼진다
갈구하듯 타오를 때
살포시 다가와 적시는
연인 같은 한 모금
구세주 만난 것 같은
기쁜 노래
긴 밤 적막한 시간
한줄기 위로
더욱 말똥말똥
지나가는 시간 놀라며
아직 잠자리 들지 못하고
사랑하는 님 그리 듯
애틋하게 구애한다

적은 나이

사람마다 다른 생각
백이십 살 사려는 사람
나 사오십이면 반환점도 못 와
하프도 안 되서 아고 힘들어
한 오백 년 산다는 건 꿈일테고
한 백 년은 현실인데
하프도 못 와서 많이 왔다고
적게 온 게 아니라고
주위에 하프도 못 뛰어본 사람들 보지만 말고
풀 꽉꽉 채운 사람을 보라
재수 없어 제 명도 못 찾고
꺼꾸러진 경우야 똥 밟았다 치고
누구나 백 년은 가는데
반도 못가
애고 이제 나이 있어
그래 육십 산다면 맞는 말
최소 백은 산다면
그런 말 어서 집어넣어

설문조사

지하철 만나러 가는 길
중년 여인 내게 다가와
설문지 안긴다
손에 든 기념품
답하면 내게 줄
그냥 갈까 갈등하다
일 분이면 되는데
못 이기는 척
묻는대로
나이 연락처 이름
신상 하나하나
허물 벗듯 토해진다
내 눈은 그까짓 것 감아 버리고
일 분 뒤 내 품에 안길
여인의 손만 보고 있다
약간의 고민 뒤 받아든 달콤함
땅을 파 봐 십 원짜리 한 장 있나
일 분만에 맛 본 득의
저절로 붕어 입 되고
도무지 다물어지지 않으니
흐뭇함이 꽃처럼 피어올라
마음에 화살 같이 꽂혔다

낮잠 자는 스님

파리바게트 빵집 소파 기대어
부처 찾는 스님
무슨 염불 그리도 편하게
깊이 아주 깊이 감은 눈
각 세운 옷깃처럼
미동조차 보이지 않아
그대로 넘기기 심심해
한 장 박아 본 모습
나무아미타불 관세음보살
익히 들은 소리
내 귓가 울리니
나도 모르게 두 손 모아
빨려드는 불심
한 낮 빵집 소파 몸 기대어
무슨 기도했을까
간 밤 뒤척이다 잠을 잃었나
많고 많은 곳 접어두고
왜 하필
나 떠날 때까지도 여전히
살아있는 돌부처

금의환향

일 마치고 돌아간다
또 다른 목표 부수기 위해
서서히 고조되는 분위기
구름 타듯 솟아올라
잠자코 있다 자연스럽게
너무도 자연스럽게
학창시절부터 품어왔던 가슴 속 큰 뜻
꼭 봉화를 잡으리라
묵묵히 다져온 지난날들
이제 마련된 방석
다가가 앉으면 되는 상황
이해타산 맞물려 서로 줄다리기
거센 세파 폭풍 치듯 밀려와도
눈 하나 깜짝 안하고
오로지 한 길만을
이대로 절대 안이하게 나앉을 수 없어
눈 앞 별천지 널렸는데
가서 손만 대면되는데
어느 누구도 근접조차 못할 만큼

높이 올라섰기에
줄 놓으면 두고두고 맺힐 피멍
마지막 찬스 신이 주신 기회이기에
억지로 뺏으려 하지 않아도
저절로 굴러 다가오고 있는데
떡 내 친다면
세상 큰 비웃음
잡아야 되고 놓쳐서는 안 되고
학창 보았던 우상
그냥 스칠 수 없기에
평생토록 마음 속 품어왔던 휘장
기필코 몸에 두르리라

성형 얼굴

몸에 안 맞는 옷 걸친 것 같이
첫 눈에 느끼는 어색함
억지로 끼워 맞춘 문짝
삐걱이는 소리
왕방울만한 눈
치켜든 칼날 같은 코
모종삽 같이 모아진 턱
하나도 보이지 않는 자연미
훼손되어 도저히 돌아갈 수 없는
귀신 같이 무섭기만

현란한 어휘에 속고
달콤한 말에 울고
거울 앞에 서고 보니
그때서야 옛날 그리워
돌이킬 수 없는 머리만 찍는다

반짝이다 스쳐가는
일순간 피었다 지는 꽃처럼
허무함이 밀려드는
잘못된 환상

좀처럼 사라지지 않는

마음은 미꾸라지 춤추듯
살아 꿈틀거리는데
매일 매일 변화 없는 꽉 막힌 도로
불도저로 확 밀어 버리고 싶은 마음

참느라 울어버린 발
재수 없게 돌팔이 찾아 걸리며
침소봉대
발바닥으로 얼굴 가리기
자근자근 씹어주는 신호
아무리 어루만져도
소나무에서 감 따기
총 맞은 것 같이 쓰라린
온몸 구석구석 보내오는 경고

갑자기 떠오르는 신해철
터져서 창으로 찌르는 몸
마취제 버티며 버티다
끝내 가버린

강력한 처방전 기대해 보며
추어탕 재료 되기 싫어
꿈틀거리는 저 요동
숨넘어가기 일보 직전
이제는 체념 목소리
미꾸라지 죽었나 살았나

시를 먹자

시를 먹어 봤니
매일 밥 먹듯이 시를 먹어봐
시를 먹지 않으면 얼마나 배고픈지

마라톤 할 때 급수대 물 찾듯
시인은 시를 찾아
시를 먹지 않는 시인
마라톤 하지 않는 마라토너

하루라도 먹고 맛보지 않으면
카페인 중독자 커피 못 마시는 것 같고
니코틴 중독자 담배 못 먹는 것 같고
알코올 중독자 술 냄새 못 맡는 것 같아

시의 맛을 느끼면
상상도 못할
상큼 달콤 새콤
앵두 같은 입술
딸기 같은 얼굴 보다
더 먹음직스러운

시를 먹지 않는 어리석음
조금씩이라도 매일
마약 중독된 것처럼
시를 흡입하자
그 향기에 빠져 도저히
헤어날 수 없을 테니까

미끼

어리석게도 낚싯밥 물려
감쪽같이 버린 시간
상식 넘어섰다면
분명 구린 냄새
순진하게도 곧이곧대로
이리저리 요 핑계 저 핑계
빙빙 돌리며 사람 갖고 놀아
그때서야 아차 그물 걸렸구나
황급히 도망치며 빠지려니
여우 본색 드러내며 발톱 세우니
은근 쫄아드는 마음
갑자기 머릿속 하얘지며
두 다리 가해지는 힘
냅다 뒤도 안 보고 엄마 찾으며
백 년 감수
가까스로 벗어난 그물
호되게 매 맞고서야 겨우 드는 정신머리
달콤한 유혹 믿었던 바보 같은 짓거리
지금도 놀라 출렁이는 가슴

컨디션

눈꺼풀 깨우기 도살장
끌려가기보다 어려우니

세월 탓인가 몸 탓인가
투정 대는 아이 달래듯
온갖 재롱 아양 떨며 간신히
이런 날도 있고 저런 날도 있지
항상 방긋 할 순 없으니

강한 전류 흐르듯 몸으로
전해오는 소리
생각만으로도 언제 그랬나는 듯
리듬체조 요정처럼 가벼워지니
투정 대는 아이 떡 하나 먹고
희희낙락 어깨춤 추는 꼴
변덕 한 번 사기그릇
이만하면 괜찮은 하루

양들의 천국

달구벌 삼삼오오 모여드니
일개 소대 넘어 중대
파죽지세 돌격
울려 퍼지는 양들의 함성
강한 응집력으로
토끼와 뱀 한꺼번에 잡아
바뀌는 세력판도
땅 떠나가도록 퍼지는
양들의 울음
멋진 하모니 되어
가슴마다 아로 새겨지니
푸르고 하얀 기운
가을 햇살 반사돼
눈에 그림처럼 박혔다

중년이란

육십 밖에 못 있을 때
한 바퀴 돌았으면
큰 일 했다 잔치 열었지
삼십만 되도 기침 했었지

팔십은 보통 백은 기본
구구팔팔 시대
신중년 나왔다면서
오십은 어린애

그래도 모르는 팔자
백은 채워야 맛인데
십중팔구 그 전에 볼 일 마치니
그래도 많이 젊어졌으니
한 오십은 넘어서야 되는 갑다

부검

말없이 잠든 모습
갈기갈기 찢겨진 몸
진실 위한 마지막 몸부림
한없이 아파했을 순간
마취제 의지하여 참고 또 참고
차마 보내지 못하는 동료들
가던 길 막고 돌렸다
이대로 묻힐 순 없다고
갑자기 이렇게 어느 순간에
믿어지지 않기에
도저히 믿을 수 없기에
아픈 가위 들었다
울면서 자를 때 스치는 미안함
훗날 밝혀질 거울 바라보며
애끓는 사모의 쓸개 담았다
눈물은 사막이 되어
한없이 황량해지고
공허한 가슴은 뻥 뚫린
사과 속처럼 밋밋한 맛으로

구역질 난다
찢은 살점 알알이 씻을 수 없는
상처 못 박혀
흘러도 흘러도 마르지 않는
샘이 되었다

마늘

요거이 남자들 특효약
자다가도 서고
원기엔 그만이여
즙도 좋고 가루도 좋고
찬이란 찬엔 깡그리

요거이 예방주사
먹을수록 보약
냄새 구려도 좋응께
두고두고 품어야제

요거이 참말로
꺼지지 않고 오래 가는겨
따로 약 안 먹어도
살아 움직이는 겨
많이 먹고 써 먹어야지
요거이 참 신통방통 물건잉께

길 고양이

흔히 만나 무심코 지나친 엄청난 삶의 모습들
손 끝 시려오는데 갈 곳 없이 이리저리
도시 곳곳 버려진 음식물 쓰레기
탁월한 미적 감각으로 귀신 같이
다가가 잡으려 해도 또 귀신 같이
쉬지 않고 뛰고 도망가는 생존 본능

길에서 만나 사랑 일구고 길에서 터전 이뤄
얽매이지 않고 자유 외치는 도시 무법자
애물단지 취급도 받고 동정의 대상으로 비추이기도 하고
그래도 없으면 왠지 모르게 무언가 흘린 것만 같은
싫어하기도 하지만 좋아하기도 하는 이중적 잣대
그렇다 해도 없으면 삭막한 콘크리트 바닥
있어주는 것만으로도 위안

때론 엎어져 누워 있는 모습
길바닥 납작한 샌드위치 되어 외마디 비명조차 외치지 못하고
바퀴자국 선명해진 모습
어쩌다 그 날쌘 몸으로도 일언반구 하소연조차 못하고

쓰레기더미에 묻히고 마는 운명
차라리 잡혀서 주인이라도
그러다가도 마음대로 누리는 자유 포기하기엔 너무나도 큰 아픔

어차피 길에서 태어나 길에서 가야하기에
아무리 착하게 다가와도 그냥 이대로 누리다 때 되면
일 년이 됐든 삼 년이 됐든
타고난 팔자니까

의료사

명명백백하다 해도 쉽지 않은 문제
원인 있어도 증거가
증거 있다 해도 입증을
당사자 말이 없고
법의학 호소해 보지만
무 썰듯 쉽게 잘라지지 않아
억울함 보이고도 남지만
운이 없어 그리 되었는걸
실수투성이 인간
고의로 그랬을 리 없으니
이제와 자초지종 밝혀낸들
모가지 비틀어 아무리 꺾어도
한 번 부러지면 끝
다시 되돌릴 수 없는 순간
재수 옴 붙었으니
이게 운명이려니 돌릴 밖에

말 한마디 때문에

말 한마디 부메랑 되어
시작된 냉각기
여린 풀잎 같아
작은 이슬에도 상처입어
얼음장처럼 차가워지니
아무리 히터 돌려도
쉽게 사라지지 않는 냉기
어린아이 달래듯 달콤한 떡
크게 한 번 내밀어 봐도
다친 마음 쉬이 낫지 않으니
한동안 시베리아 벌판
에스키모 신세 되어
조용히 묵상하며 식기 바랄뿐
때론 침묵이 병을 치료하는 명약
이것저것 여러 처방 써 봐도
호랑이 수염 건드리는 격
잠자코 파도 잠잠해지기를
기다리면 뜻밖의 향기 맡을 수 있을 테니까

변심

희희낙락 푸하하
입 벌어지더니
오늘도 내일도 모레도
이제는 웃음 도망가
약발 다했듯이
이내 시들어 버리니
인간 마음 다 공자님 아니니
그러려니 할 수 밖에
아무리 좋은 말도
넘치면 잔소리
참을 만큼 강한 인내심
좁은 몸뚱아리 속내음
눈빛만으로도 찾을 수 있어
이랬다 저랬다
죽 쓰듯 변하는 마음

흘러버린 시간

여유롭다 자신만만 춤추다
그만 잃어버린 시간
아뿔싸 헐레벌떡 예정된 항로 이탈하여
새치기 하듯 뛰어
간신히 찾은 목표물
여유롭지 않은데 마비된 것처럼
한없이 누려보는 느슨함
해야 될 숙제 고개 내밀어 기다리는데
쳐다 보지도 못하고
마음만 애타게 해 놓고 그냥 지나쳐
쫓기듯 지나가는 길 정해진 룰 벗어나지 않고
반드시 지켜야 한다는 신념
대수롭지 않게 흘려버리면
단춧구멍 잘못 찾은 와이샤쓰처럼 다시 또 찾아
꽉 채워야 맛이라고 있는대로
한껏 부으면 참지 못하고
오줌 지린 것처럼 온통 적신 옷자락
누구 하나 쉬 나서지 못하고
서로 눈치 보기 바쁘니

배와 승객만 있고 사공이 없어
그냥 그 자리
시간은 날개달린 급행열차 되어
어느새 저만치 흘러 버린다

내 맘대로 된다면

세상은 그렇게 호락호락 물러터진 감이 아니야. 좋다고 부둥켜안고 간 쓸개 다 끄집어내도록 빌어도 싫으면 싫은 거야. 항상 올라만 가는 탄탄대로는 없어. 완만할 수는 있어도 모든 게 다 손에 잡히지는 않아. 무조건 움켜지려고만 하지 말고 때론 놓을 줄도 옹고집은 혼자야. 아무도 다가가지 않고 혼자일 뿐이야. 움켜쥐고 놓지 않으니 떡고물 떨어지겠어. 세상은 간사해. 헛수고 하지 않지. 온갖 치성 다 해도 될까 말까 감나무 밑에 누워 감 떨어지는 행운 맘만 있다고 가만히 있으면 어느 순간 목이 달아날지도 몰라. 시련의 담금질 혹독한 추위 이긴 자만이 승리할 수 있어. 작은 돌부리에도 상처입고 계단 조금 가파르다 주저하면 오르막은 없어. 한 없이 두들기고 부딪쳐야 해. 때론 흡혈귀보다 냉철하게 돌부처보다 더 편안하게 흥분하지 않고 잔잔하게 마음 비우면 하늘이 보여 구름 한 점 없이 파란 마음 활짝 웃으며 뛰어놀 것 같은 새장에 갇힌 새 날개 짓을 잊어 언제든 쉽게 구할 수 있는 먹이 알게 모르게 돼지가 되는 몸뚱이 힘 잃어가는 날개 더 이상 날 수 없는 새 준다고 받아먹고 아무 생각도 없이 도살장 끌려가기 직전 소 돼지처럼 한껏 살찌워서 잡아먹히는 어리석음 뭐든 많으면 좋은 줄 알고 있는대로 모으고 있는대로 먹고 있는대로 다 가지지 세상은 그렇게 가지면 탈이 나. 물러 터진 감 아니니까

한 끼만 굶어도

수십 일씩 단식
생각만으로도
목에 칼 들어올 일

단 한 끼만 굶어도
뱃속 거지들 울며불며
못 찾은 한 끼마저
있는대로 빨아 드려
급기야 아프다고 생난리

조절도 못하고
제 발등 찍어 놓고
식도락 도저히 참을 수 없는 한계상황

단 한 번인데도
손발 오그라들고
팔다리 쥐꼬리도 못 먹은 양
꼬랑지 처져
깨갱 소리도 못 내고

상상도 못할
도저히 참을 수 없고
천만금으로도 바꿀 수 없는
이 먹는 행복

경도 지방간

내 생애 처음절벽 떨어진 것보다
마누라 이혼통보보다
멍들대로 멍든 가슴

내 가슴 사시미 칼 면도하듯
오장육부 뒤흔들어 놓고
설마 설마 했는데
아무리 약하다 해도
그 몹쓸 놈이
내 몸에 살고 있다는 사실
씻을 수 없는 치욕

내 반드시 없애 버려
평생 씻을 수 없는 굴욕
지구 끝이라도 찾아 가리

시간보다 마음

번개 찾아도
계획도 없이 불쑥
당일치기
모여 부르면
마음만 호수라면
시간이야 따라오지
있어도 끌리지 않으면
엎어지면 눈썹 닿아도
돌부처 인양 꿈적도
한 시간 전이면 어떻고
십 분 전이면 어떤가
향기 풍긴다면
어디든 맨발로도
뛰쳐나갈 테니까

피교육생

저절로 감기는 눈
온몸 나른해지는 휴일 오후
수 시간 가만히 앉아
피동적이 된다는 이유만으로도
쏟아지는 졸음
아무리 내쫓으려 해도
도저히 참을 수 없는 상황
나도 모르게 절구 찧고
멍한 기운으로 버텨 본다

욕심

아쉬워 더 붙잡고 싶은 마음
올가미 되어 계속 때론 과감히 생략하고 버려야
무한대로 주어진 시간 아니기에
내려놓아야 비로소 맑아지는 기운
쉽게 놓치기 쉬운 일
가지지 않을수록
가까이 있는 홀가분함

시를 안고 싶다

시 보고 싶어지는 날
애타게 불러보고 찾아보고
이야기 해보지만
무덤덤한 반응
바람 빠진 풍선처럼
맥없이 사라져

시 먹고 싶어지는 날
구워도 먹고 삶아도 먹고
데쳐도 먹어보지만
영 신통치 않은 맛
아무도 맛나게 먹지 않고
그냥 지나치네

내가 맛있다고 할지라도
모두 입맛 틀리니
맛없는 사람 기준 맞춰
조리해야지
내 딴에 최고라 자부하지만
한없이 허술하기 짝이 없네

작은 아버지

일흔다섯
영정 사진은
너무 젊었다
건강미 흐르고
두 눈 살아있다
저 세상 갔다는 사실
이해할 수 없다는 표정으로
일부러 그런 사진으로
마중 나왔을까

생각보다 바람 많이 부는 식장
발인 하루 앞 둔 저녁 시간
줄기 아닌 가지라서
마당발 스타라도
의외다

앉을 자리 이렇게 배부를 줄
엉덩이 무거운 추 달은 것처럼
일어나기 어려워

주저앉아 입 운동하다보니
아뿔싸 나도 모르게
다음 길 잃어 버렸다

어머니 치매 얘기하다
내가 치매되었다
깜박깜박 잊는 일
처음 있는 일도 아니고
테이프 끊겨본 적은 없는데
여러 차례 꼬인 적은 있어
한창 뛸 나이 벌써
바람 불어 쓸쓸함 뒤로하고
은근 슬쩍 빠져 나오고 말았다

여행이란

머리 하얗게 될 때
보고프다
마음 통하는 사람끼리
아니면 혼자라도
어쩌면 혼자라야

훌훌 벗은 젊은 여자 몸처럼
아름답고도 보고 싶은
여전히 매력적인
내 머릿속 떠나지 않는
항상 마음 저편 숨어있는
어쩌면 하루 종일 일 년 내내
그림자처럼 따라 온다

딛는 발걸음 추억 일기장
눈으로 찍는 사진
남아있는 흔적
필름 돌아가는 소리
초경하는 여자아이만큼

사냥꾼 쫓긴 사슴 달아나듯
홍분과 긴장으로
고압전선 감전된 사람처럼
온몸 흐르는 전율

장터 할머니

새벽 같이 일어나
나무 이파리 한 아름 장터 가신 할머니

대바구니 한 가득
인심 광주리
땀 주름 흘리며 힘들게 캐어 온
호박 오이 당근 감자
보기만 해도 군침 흐르는
살아있는 야채

할머니 따뜻한 손길 받아
기분 좋게 손님 맞아
제 갈 길 찾는다

코 울고 눈 매워도 자리 지키고
하루 온종일
할머니 일어나라 해도
발길 목석 되어
손주 주려는지 돈 천 원도 꾸벅

굵은 주름 더 굵어지며
스치는 인생 무게

만 원! 부르니
굽은 허리 땅바닥 누워
그만 잠이 들었네

아직도

마감시간 초읽기
고치고 또 고쳐
만지고 또 만져
흐뭇한 미소 지을까

극적 효과
신들린 듯 한 마법
시계 초침 흔들릴 때마다
개구리 팔짝팔짝 뛰듯
위아래 흔들리는 가슴

밤새 뒤척였을 하루
이제 과감히 배팅할 차례
뭔가 빠진 것 같아
좀 더 움켜 보지만
머릿속만 뭉게구름

까짓거 매 한 대 맞으면
어디 죽기라도
맞으면서 올라가는 건데
여기서 그만 놓아야지

신해철을 기리며

혹시나 하는 마음으로
기적이 일어나기를
두 손 모았건만
마음 한구석 텅 빈 것 같은
소용돌이 몰고 와 놓고
쓸쓸히 떠나간 마왕
훌훌 털고 언제 그랬냐는 듯
무대 부서지도록
혼 불어 넣을 것 같은 그대
설마 이렇게 일찍 갑자기
정녕 떠났단 말인가
온몸에 힘이 사라지고
돌 맞은 것 같이 멍해지는 이유
그대가 남긴 진한 여운 싶은 상실감
도대체 무엇으로 채울까
오늘밤 소수잔이라노 기울이아
썰렁한 이 마음 털끝이라도
적실 수 있으리

미안해요 잘못 했어요

제 생각이 좁쌀보다 작았어요
당신 마음을 이토록 아프게 할 줄
아무런 고의도 아무런 생각도 없이
당신의 가슴 울릴 줄 전혀
진정코 제 목을 걸고 맹세할 수 있어요

제 말에 단 한 구석이라도
거짓이 숨어 있다면
지금이라도 용광로에 뛰어들겠어요

노여움 저 멀리 다 버려주세요
활짝 웃으며 돌아갈 수 있잖아요
아픈 상처는 얼마든지 닦아 드릴게요

마라토너 정순연

얼굴도 예술 몸매도 그림
성격에 마음씨
게다가 실력까지
눈이 안 갈래야 안 갈 수 없는

언제나 먼발치
바라만 보기엔 흔들리는 마음
자주 보아왔지만

한 마디 말할 용기조차 없어
눈인사만
모나리자 같은 미소
살짝 보이기라도 하면
그 자리 털썩 주저앉을 것만 같아

신은 불공평한가
팔방미인 재주 어찌 한꺼번에

알 만한 사람 다 알기에
그 이름만 들어도

입 다물 수 없고
눈 크게 안 뜰 수 없네

이번에도 또 제일 높은 곳
어느 누구도 감히
상대할 수 없는 비범함

미모는 타고 났다 해도
실력까지
남모르는 인고의 눈물
수천 수백 바가지
피눈물 되도록 흘려 이룬
여왕의 자리

외모만큼이나
아름다운 실력
아무리 우러러 봐도
부족함 없고
아무리 보고 또 보아도

눈이 멀도록 시린 아름다움

결전의 날

춘마 잡으러 가는 날
퉁퉁 부은 라면 된 왼발
물끄러미 쳐다보며
너 참 오늘 고생하겠구나
왜 이렇게 됐을까
좀 괜찮아졌겠지
좋아졌겠지
혹시나 하는 마음
몸 움직여 보지만
이빨 발톱 빠진 호랑이
바람 빠진 타이어 신세
로또처럼 요행 바라며
잘 되겠지 기대하다간
날벼락 맞기에 제격인데
뭘 믿고 나서는지
가다가 아프다 울며 절며
별의별 생쇼 다 할 텐데
그건 네 사정 알게 뭐야
난 뛰어야 하고 완주해야 하고
완주기록증과 완주메달
목에 걸어야 하니까

간발의 차

아깝다
0.000000000001초만
몸 날았으면
시간 반 춘천행
의자 키스하며 포옹할 수 있었는데
뻔히 보고도 빼앗긴 설움
순간의 선택
바뀐 운명
아무리 하소연해도
누구 하나 들어주는 사람 없으니
바늘로 심장을 찌르듯
콕콕 쑤셔오는 아픔
줄 잘못 선 탓이려니
운줄 꽉 막힌 탓이려니 생각하며
의자 안아보지 못한
통탄의 마음
두 다리 불끈 움켜쥐고
두 손 화들짝 감싸 쥐며
우는 마음 달래본다

가을 여자

시월이 도망가고 있어요
언제 왔냐는 듯 벌써
뒹구는 붉은 구슬
찬바람 청소하니
한구석 밀려오는 허전함
심하게 울렁이는 마음
찬 공기 휘말리니
흔적도 없이 사라져
왠지 울컥해지는 기분
나는 가을 여자

가는 길

서서 가는 길
앉아 갈 때는 모르던 길
아무리 가도 끝 안 보여
꽉 막힌 전후좌우
숨 막히듯 조여 오는 가깝함
저절로 상승되는 혈압
폭발하기 일보직전
터지기 전에 식혀야 하는데

뭐야?

자다가 문뜩 보고파졌어
한 줄 툭 던져 놓고 다시 잠자리
오줌 누러 나왔다
한 번 찔러 봤어
피 나오는지 안 나오는지
달콤한 피 맛 봤으면 돈 내놔야지
거저먹고 시침 뚝
이제라도 피 마신 값 돌려줘
안 내면 집요하게
독거미 줄치듯 낼 때까지
물고 늘어져 침 뱉은 거 어떡할거야
도로 집어넣을 수 없으니
침 맡은 사람 깨끗이 닦아줘야지

4

슬픈 말

토요일 아침
석촌 호수길 내딛는 발걸음
영 모양새 그려지지 않고
엉거주춤 꼴불견
돌덩이 한 짐 짊어진 듯한
축 늘어진 어깨

살 많이 붙었어
배도 고개 내밀었네
이런 치욕적인 말
가장 듣기 싫은

안 되겠다 이제부터
굳게 닫아야지
뱃속 염병 떨든 말든
십 수 년 간직해왔던 몸
어느 순간 와르르 무너져
여기저기 눌러 앉은
군더더기 먼지 치워야지

강한 번식력으로 온몸 파고드는
천한의 몹쓸 녀석들
배 쪼그라들고
몸 수수깡 될 때까지
재봉틀 미싱질 해야지

구석탱이

구석을 찾아
지하철 버스 커피숍
왠지 모를 편안함
따사롭게 감싸는 어머니 젖무덤
비어있으면 허전할 것 같은
구석은 고향
언제든 찾고 싶고
가까이하고 싶은
연인보다 예뻐
항상 찾게 되는 친구

요즘 패션

위는 겨울
아래는 여름

하얀 꿀벅지 자랑하듯
탐스럽게 열려 있는데
갑자기 달라진 계절
에스키모 털옷 칭칭 감은
시베리아

극과 극의 대비
절묘한 하모니
저절로 눈이 가는 상하반신
아래위 흘기며

이번에도 또
하나도 아니고 둘 셋

이게 요즘 패션
아가씨 특권 보여주는

나도 한 번
은근 땡기는 유혹
약간 누르스름하긴 해도
봐 줄만 하니까

뱃살

소리 소문 없이 찾아온
반갑지 않은 손님
초대도 안했는데
떡하니 내 집 안방처럼
큰대자로 드러누워
도무지 나갈 생각조차 없네

꼬집어도 보고 때려도 보지만
어지간해서는 꿈쩍도 안 해
쫓을 방법 없을까
배 쫄쫄 굶기면 가려나
배고프다 울면 줘야할 텐데
살살 구슬려서 조금씩 주고
죽기 살기 발 구멍 땀나면
그땐 제 발로 기어 나가겠지

좋아지는가 싶더니

약 올리듯 못살게 구는 심술
좀 살만해지면
빚쟁이처럼 나타나
다그치는 신호
멀리 도망가 줬으면
어김없이 또
뾰족한 방법 없으니
타들어가는 심정
공양미 삼백 석에 팔려간
심청이 마음
가만히 있어도
불같이 타오르는 기세로
화끈거리며
온갖 성질이란 성질 다
몹쓸 녀석
참으로 질겨
쉽게 떨어지지 않아
개 패듯 한 번 때려야
저만치 달아나려나

커피 한 잔

때 됐으니 먹고
아메리카노 만나고
가을바람 마시며
즐기는 휴식
나뭇잎 너풀너풀 인사하니
덩달아 손 흔들어
즐기는 맛
입속으로 전해지는 향기
예뻐 저장해야지

살맛

아침 공기 가르며 노 젓는다
칼바람 위세 온데 간데
등줄기 알알이 맺힌 물방울
온몸 두드러기 돋았다

시원한 폭포수 샤워한 것처럼
상쾌함 이루 헤아릴 수 없고
세상 모든 것 다 내 것처럼
뿌듯한 향기로운 기운 퍼진다

뼛속까지 파고드는 소용돌이
한없이 메아리치고
절로 흥겨운 노랫가락 차차차
지루박 탱고 디스코
쿵짝 쿵짝 쿵짜락 쿵짝

장미꽃 같은 여자 입술 본 것처럼 야릇한 흥분
백두산 올라
이 보다 더 좋은 맛
세상천지 어디 보려나

카페에서

너 만나기가 즐거워
보러 갈 때에는
말 많이 하며 반가움 나누리다

충정로 나무야
카페에서
수다 떨며 하루 종일 얘기하리다

커피는 아메리카노
따신 그 맛을
충분히 음미하며 즐기옵소서

너 만나기가 반가워
보러 갈 때에는
언제나 수다 떨며 즐기우리다

※ 김소월의 「진달래꽃」 패러디

선배와의 만남

넉넉하고 푸짐한 얼굴
복 구슬 굴러올 듯한
첫 만남

말이 알을 낳고
호박넝쿨 캐듯 이어져
그칠 줄 모르는 화살
쉴 틈 없이 쏟아져

오랜 기다림 끝에
맛 본 늦둥이
진한 아메리카노처럼
입안 향기 맴돌아
잔잔한 물결로 말리며
스르르 눈 감긴다

하얀 고민

하나도 안 했어
정말일까 마음 속 들어가지 못하니
남모르게 위장전술 연막작전
초읽기 들어갔는데
벌려만 놓고
눈 앞 거미줄 촘촘히 찰거머리처럼
자포자기 심정
꾸벅꾸벅 절구만 찧고
아가리만 쩍쩍
하루하루 늘어만 가는
하얀 고민

과제가 뭔지

마음 울어요
급하고 초조해
길 잃은 나그네처럼

약속 못 드려
돌 맞은 듯 머리 아파요
욕심만 노래 부르고
하나도 만들지 못해요

누구 없나요
찾아 주세요
지름길로 얼른

주말 오후 연극
오기 불러요
울어도 모르겠어요
그냥 모른 채 가겠어요

약속도 못 지켜요
만나기로 했었는데

꿈

달라고 하지마세요
쉽게 얻는 행운 아니잖아요
돈으로 살 수 없는
최고의 꼭짓점
한솥밥 먹으며
매주 간절히 기도해도
아무나 얻을 수 없는
최고의 맛
어찌 달라할 수 있어요
비너스 애원해도
제우스 빌어도
절대 줄 수 없어요

미인의 조건

에스라인 부럽지
비키니 입고 싶지
핫팬티도 입고 싶지
마음은 있는데 왜 못해
살이 원수야

좁다고 삐져나온 살들
야금야금 먹다 보면
어김없이 튀어 나와
푸짐해지는 몸

뼈 한 트럭 깎아야지
피눈물 맛보고
온갖 쓴 맛 먹어야지
볼륨감 키워야만
얻을 수 있는 미인의 조건

놀자

어렸을 때 친구네 집 앞
친구야! 놀자
사십 줄 넘어 오십 줄 바라봐도
정임아! 놀자
어렸을 땐 딱지치기 팽이치기
나이 들어 스마트폰 시대
전국 어디서나 놀자 한 번
수십 수백 친구들 우르르
아침 일어나서
밥 먹다가
여행가서 그대로 보여주니
얼굴 한 번 안 스쳐도
다 아는 친구
놀자! 우리 춘천에서
마라톤 축제 즐겨보자

친구

아무리 욕하고
비꼬고 장난치고
허물 들쑤시더라도
웃으며 받아주는
소 돼지 뭐라 해도
미운 정도 정이니
거리낌 전혀 없는
아무 때나 송곳 찔러도
피 흘리며 웃을 수 있는
어려울 땐 형제자매보다
더 먼저 달려가는
피 한 방울 안 통해도
우정으로 통하는
붕우유신이야

자서전

더 이상 꾸미지마세요
인간미 도망가요
자랑일랑 혼자 실컷
아무리 제 잘난 맛이라 해도
처음부터 끝까지
눈이 아파요
때론 감초도 넣어주세요
넘어진 얘기
벼랑 끝 떨어진 얘기
완벽일랑 없잖아요
포장은 뜯고 속 알맹이 주세요
겉만 번지르르
외모보다 마음이 진국
알찬 속만 먹고 싶어요
제대로 된 맛보고 싶어요

내 나이가 어때서

따사로운 햇살 속에 비춰진 내 모습
내 나이가 어때서
아직도 새파란 이파리
가지에 열매 맺고 꽃 피우려면 머나먼 길
이제 겨우 시작인데

내 나이가 어때서
얼마든지 꿈꾸는 나이
시간아 저리 가라
저 별을 따다가 내 마음에 넣고서
길이길이 간직하련다

나이야 물러가라
내 나이가 어때서
마음만은 항상 애들이란다

해변가 갈매기

파도 우는 해변가
무리지어 산책하는 하얀 새

친구하자 다가가면
종종걸음 큰 날개 짓
힘차게 하늘 치솟아 저만치

이방인의 손길 보내는 경고
좀처럼 가까이 하기 힘든
너무나도 친숙한
바다 비둘기

다가가 안아 보고 싶고
연인처럼 속삭이고 싶은
눈부시게 아름다운 여인의 자태

끝도 없이 펼쳐진
보드라운 모래 밟으며
발자국 남기며 쉬어가는
바다 친구들

아무리 다가가려해도
기회조차 주지 않고
자기들끼리만 속삭이는
너희는 바다의 귀족

말벌

왜 저를 두려워하시나요
제가 무서운건가요
아니면 두려운건가요
해치지 않고 가만히 날아다니는
그래도 이해못하겠어요
저를 가만 내버려둘 수 없나요
잡아 죽이지 말아주세요
쓸쓸하고 불쌍한 놈
친구 잃고 외톨이 되어
떠나온 몸
돌아가게 도와주세요

물안개

햇살 물위에 잠겨
드러낸 노오란 얼굴
하얗게 피워오르는 뭉게구름
모락모락 피워 나는 군고구마 연통
다가가 맛보고 싶은
강렬한 충동
잔잔하게 흐르는 물위
파도처럼 밀려와
질서정연하게 나아가는 모습
내려앉은 구름
손에 잡힐 듯 다가가면
어느새 도망 가버리는
물 위에 핀 한 떨기 그림

가평계곡에서

햇살 가득 시리도록
가볍게 스치는 가을바람
새들의 휘파람 소리
귀 간지럽히고
찌든 폐 찌꺼기
맑갛게 씻어 내니
파란 잉크 적신 하늘처럼
맑고 깨끗한 기분

졸졸졸 흐르는 계곡물
흥겹게 노래하고
이리저리 자유롭게
크고 작은 물고기
장단 맞춰 춤춘다

낙엽 뒹구는 산길
걷는 발걸음
엄마 품처럼 포근해
아기처럼 안겨 본다

녹색으로 뒤덮인 세상
자연의 협주곡
은은히 울려 퍼져
소리 없이 다가오는 감동
가슴 속 깊이 울리는 메아리

도움

누군가 뻗는 손길
간절히 애타게
절벽 위 보내오는 신호
모른 채 귀 막을 수 없는 처지
슬며시 다가가 열어버린 지갑

한 번만 봐 달라는데
깊은 사연 알 수 없지만
눈 감아 버리면
나 절벽 있을 때
아무리 소리쳐도
귓구멍 열리지 않을테지

흔쾌히 답 놋 보내도
한 번만 속아
굳게 닫힌 문 열고
보내는 응답 메시지

데드라인

마감 되어야만
헐레벌떡
미친 듯 뛰고 울부짖고
빚쟁이처럼 초조하게
시간에 쫓기는 인생
커피 한 잔 여유조차 잃어버린
불쌍한 중생들
목탁 두드리며 극락 쫓아도
멀게만 느껴지는 무릉도원
스스로 쫓기듯 만들어
피곤에 물든 생
파란 물감 풀어
맑고 흰 도화지 위에
족적 그리며 돌아보는 그림자

거울

아침 제일 먼저 여자는
거울 만난다
뚫어지게 보고 또 보고

거울아! 거울아!
내가 예뻐 네가 예뻐
붉은 자두 같은 입술
유리알 같은 두 눈
놀란 개구리처럼 펄쩍펄쩍
입가에 흐르는 공주 같은 미소
있는 그대로 옷 벗은
비너스의 웃음

오! 그대는 내 사랑 다이애나
큐피트의 화살 마구마구
얼마든지 받아주리

호박의 변신
마술사 거울

터져 나오는 웃음
꾸욱 누르며
터질듯한 배 어루만지며
남모르게 자지러진다

하루에도 수십 번 수백 번
지겨울 정도 말 못하고
참아야하는 웃음
언제 실려 갈지 모르는
그래도 참을 줄 아는
저절로 고개 숙여지는
너는 거울

해약통보

누구나 다 부처 아니기에
마냥 내 뜻대로
참지 못하고 터지는 분노
아무리 빌고 빌어도
엎어진 물 담기
차디찬 비수되어
내 가슴 난도질
공들여 쌓았는데
지킬 수 없었던 약속
내 입장만 요구할 수 없고
호랑이 된 고객
날카로운 이빨로 물어뜯으니
피 철철 흐르며
빠져는 번뇌

김정은의 지팡이

지팡이 짚은 최고 지도자
근 한 달 보름 만에
풋사과 같은 나이
어울리지 않는 막대기
긴 칼 차듯
민생 품으로
계산된 듯한 몸동작
상처 난 몸 이리저리 살펴보고
부탁의 메아리 울린다

읽히지 않는 책

밤새 밤비가 그리웠어요
밤하늘 내리는 비 즐기며
오순도순 하늘과 별과 구름
노래하는 밤비

읽히지 않는 책 부둥켜안고
맥주 커피와 함께
밤비 내리는 시커먼 하늘 보며
흐르는 눈물 참을 수 없어요

부담감이 집채만큼 밀려와
콘크리트 덩어리 어깨 짓누르듯
하염없이 아프기만 한 밤

과감히 벗어 던지기엔
노서히 용기나시 않아요
억지라도 씹어 삼켜야겠어요

사랑이란?

사랑이 뭘까?
남자끼리 여자끼리
너무 흔해버린
핑크빛이어도 좋고
코발트색이어도 무조건
그저 듣기만 해도
사랑해 사랑해
아무리 들어도 싫지 않으니
그래도 남자끼리
아껴서 말 해야지
헤프면 싼 티
무겁게 꼭 필요한 엑기스
골라가며 불러야지

늦잠

아이쿠 큰일
지각이다 지각
달콤함 조금 더 찾다
어느새 훌쩍
인정사정 볼 것 없이
냅다 내달려
좁쌀만한 시간이라도
흐르지 않게
오장육부 뒤흔들며

상가 집 조문

상가 집 조문 갔다
돌아가는 길
갈 때와는 딴 판
갔다 섰다
꽉 막힌 하수구처럼 답답해

휴일이니까 당연한 현상
느긋하게 마음먹고
이런 저런 생각 떠올리고
심심하면 책 만나고
그도 싫으면 카톡 하는 재미

때마침 눈요기
귀신도 속는 마술
신기를 넘어 요기
저절로 샘솟는 탄성
자꾸만 보고파지는
지상 최대의 마술쇼
터널처럼 뚫리니
막힌 길마저 시원해

아침잠

고질병처럼 찾아온 녀석
알람도 소용없고
약속 시간 이미 떠나 버리고
좀처럼 고치기 힘들어
급하게 먹은 밥
엎친 데 덮친 격
시간은 바빠
애간장 타는데
오라는 차는 어디가고
엄한 차만 내리 연달아 뛰고
그놈만 줄일 수 있다면
만사형통인데
찰거머리같이 달라붙어
떨어지지 않아
참 그놈 징하다 징해

동화작가

아이의 눈높이
초등학생 마음
바라보는 세상
순정으로 목욕
동심으로 침투
하나하나 얼개
쓰고 또 고치고
골 백 번 다시 써
동화작가 이름
사전에 올려서
길이길이 남겨
영생토록 빛나

어케 됐을까?

37 일째 행방불명
뚱땡이
수술하다 뇌사 됐다는 둥
쿠데타 감금됐다는 둥서른 살 피래미
몹쓸 짓하더니
명줄 한 번 짧아 좋네
당뇨 고혈압 심근경색
온갖 병이란 병 다 가지고
네 놈이 마라톤을 아냐
1km도 못 가
심장마비 즉사
마음만 먹으면 뭐든 갖겠지
네 놈은 가장 중요한 것
싫다고 내 팽겨쳤으니
죽어도 원망 말아
죽었는지 살았는지
곧 드러나겠지
언제까지 감출 순 없잖아
뱃가죽 기름 흐르는 건
대대손손 유전인자
네 놈 병은 뱃가죽 기름병
처방엔 마라톤이 딱인데

알아주지 않는다 해도

창작의 고통 탓?

아직 무수히 남은 생
바로 앞 약속조차
지키지 못하고
간 경변 끝내
참고 버틸 때까지 견뎠으면

솟구쳐 오르는 탄식
이렇게 일찍
너무나도 갑자기
이토록 약할 수가
마흔다섯 미혼 여성
어머니 언니 오빠 상주되어
고통 받느니 보내줬다
먼저 보내는
갈갈이 찢긴 마음
날카로운 송곳 되어
뼈마디 찔러

깊은 상처로 멍들어
늦은 밤 찾아가
마지막 인사
알아주지 않는다 해도

주부의 일상

반갑지 않은 휴일
잃어버린 나만의 시간
자유롭지 못한 하루
마음 놓고 떠날 수 없는 여건

주부의 하루는 달라
아이들 둥지 떠나고
남편 자유 외치면
비로소 나를 찾는다
입김 쎄지는 그날까지
보내야 하는 인내

오늘 아침

주섬주섬 옷 주워 입고
부리나케 길 떠난다
여유 잃어버리고
다급함에 보내는 신호
아파서 우는 발
어루만져도 소용없는데
밀린 숙제해야 하기에
발 길 옮긴다

조건 없이

별 일 없으면
확신할 수 없는 미래

하루 앞도 모르고
막연함 속에
흘러가는 시간에 파묻혀
또 하루가

아무런 조건 없이
기분 좋은 승낙

왜 붙어야 하는지
알 수 없는 미래

그때는 그때라도
현재 마음만이라도
과감히 떼어내

무조건 시원스럽게
가슴 뻥 뚫리게
말이라도 듣고 싶은 마음

까맣게 잊어버리고

하루 지나서야 아뿔싸
식탁 위 놓인 케이크 폭죽
이게 뭐야
시 월 칠 일
그냥 흘려보낸 큰아들
조용히 아무 말 못하고
없어진 케이크처럼
섭섭함 남았을 텐데
차 떠나고 손 흔드니
무심하기 짝이 없는 마음
정리되지 못한 머리
허둥지둥 앞 뒤 못 가리고
변명 꼬리만 흔드니
피 터지도록 잘라도
찍 소리도 내지 못해
자업자득 인과응보
무심하고 아둔한
머리 탓
이놈을 그냥 몽둥이찜질
개 패 듯
한 번 해볼까

부산 갈매기 마라톤

금세라도 뛰쳐나와
달려갈 것 같은
낙동강 변
억새꽃 갈대숲 우거진 초원

심장 후벼팔 듯 거세게
밀려오는 부산 갈매기
비릿한 내음 맡고
반가운 날개 짓

살아있는 자연
삼락생태공원
폐 속 깊이 파고드는 청량함
완주의 피로 온데간데없고
승리의 환호만 가득
다시 또 보고 싶어지는
부산 갈매기 마라톤

또 하루

밤11시도 안 돼 잠잠
요란법석 기세등등하더니
어느새 뒤꽁무니
무늬만 컸지
알맹이 없는 찐빵
세파에 시달려 밀려오는 훼방꾼
떨칠 수 없었을테지

또 하루 일기장 넘기며
거센 파도 헤쳐야지
허투루 보내다
차 떠나기 십상
안전벨트 꽉 붙들고
흐트러지지 말고

시동 걸었으니
끼트리지 말고 전진
두 눈 똑바로
두 귀 쫑긋
만반의 전투태세
절대 굴복할 수 없는
시간과의 싸움

민 낯

부끄러워 드러내지 못 하겠어요
추한 모습 마음 상할까 두려워요
있는 그대로
꾸미지 않은 아름다움
아마도 그 속에 있을거예요
왜 가리시나요

숨바꼭질 하듯 숨기면
모를 줄 알고
알아도 모른 척
바탕 좋으면 그냥도 좋지
그만 떡칠하지 말고
웃어 보세요

기름 잘잘 흐르듯 뺑하고
아름다운 윤활유 솟아나와
윤기 반지르르
자연스럽게 번지면
다 필요 없어요
자연이 준 선물 있으니까
그냥 그대로 보여주세요

스타를 꿈꾸며

도전 속에 도사린 위험
아찔한 절벽
끝없는 낭떠러지
외줄 타는 것처럼
아슬아슬한
목숨은 모험
일생일대 도박
짧고 굵게
큰 족적 남겨
안중근 류관순 윤봉길
잊혀지지 않는 발자국
인류가 망하는 날까지

엄마 마음

자나 깨나
어르고 달래고
받은 사랑 내리 사랑
엄마라는 그 이름
희생이란 두 글자
찡하게 뭉클해지는 가슴

공원 나들이
바리바리 챙겨
나중 쳐다 보려나
시집 장가가면
생각이나 할까
갚아도 갚아도 모자를
엄마 어머니

휴일 하루

오전 8시
휴일이 주는 포근함
마냥 빠졌다
잃어버린 듯한 아침
가야할 곳 잃어버리고
울어대는 발바닥만
어루만져 준다
화창한 해님
가만 놔두지 않으니
슬슬 시동 걸어 봐야지
애들 등쌀에 어디든
나가야 하는 시절
이미 지나고
한상고수부지 빈속촌
오라는데 많은데
혼사난의 사색 시간
고궁 거닐며
책 벗 삼아 노니는 선택
나는 자유인
애들한테 묶일 필요 없으니

멋

머리부터 발끝까지
각양각색
같은 옷 입어도
다 다름은
이목구비 차이

손연재 누더기 걸쳐도
뚜렷하게 새겨진
바탕 있기에
철철 넘쳐나는 귀여움

뺑덕어멈
다이아몬드 루비 사파이어
아무리 떡칠해도
추한 바탕 떨칠 수 없어

선남선녀
걸치기 따라
찍고 바르고
흔들고 문지르면
얼굴 빛깔 달라지겠지

육회비빔밥

고소한 참기름 냄새
코끝을 간지럽히고
입안 물컹진 메밀묵 같이
부드럽게 씹히는 맛
빨간 핏줄 자국
살아서 움직였을 근육
죽어서 내 입안에 들어와
잘게 부서지는 단백질
내 힘의 원동력 되어
양념 속에 파묻혀
흔적도 없이
사라져 포만한
미소 속에 숨겨진

넋두리

마음이 우는 걸 어쩌리
뻥 뚫린 공허함
바람 빠진 타이어처럼
가다가 멈춰버린 걸 어쩌리
시간 흘러가는 걸
막지 못해 우는 걸
낸들 무엇으로 달래리
공허함에 밤새
잠 못 이룬 걸 우얄꼬

홀로된 새

한 마리 하얀 새
복개천 다리 밑
날개 접고 홀로 앉아
무슨 생각할까

어둠에 묻힌 적막한
도시의 밤하늘
행여나 누군가
덤빌지 모르는 불안감
다들 어디가고 외로이
혼자 남아
긴 밤 보내야 할 생각

마음 편히 누울 수 있는
집 찾아 날아가야 할 텐데
초점 잃은 눈동자
갈 곳 찾지 못하고
떨고만 있네

손연재

내 마음 기절시키도록
빼앗아간
귀신들린 몸동작
곤봉 리본 후프 볼
하나 된 몸

무엇으로도 표현 못할
꽃보다 천사보다 선녀보다
내 마음 큐피트 화살 꽂히게 한
방년 이십 세

내 딸이라면
일 초 멀다하고
만지고 또 만지고
품고 살았을 텐데

바라보는 눈 행복하고
듣는 귀 흐뭇하니
세상 제일 예쁜
국민 요정 틀림 없네

역발상

코페르니쿠스적 발상
뒤집고 또 뒤집고
생각 돌려 보면
안보이던 길
꼬인 창자 뒤틀리듯
시원스럽게
장님 눈 뜨는 환희
뜨고도 보지 못하는
어리숙함 한 줄기 빛처럼
찬란한 눈부심
투정부리는 어린 돌
어루만지고 쓰다듬어
위대한 예술품
우렁찬 울음 터뜨리며
세상 눈 뜨는 날
화산폭발보다 더 큰 소리
펄쩍 날아 올라
얼굴 가득
솟아오르는 엔도르핀

5

아침 전쟁

일어났다 다시 눕고
떠지지 않는 눈
아침의 시작은 힘겨운 노동

간 밤 해야 할 무게 짓눌려
늦은 시동 한 탓
밀려오는 거센 유혹
마약중독보다 쉽지 않은 일

쉽게 접근하지 못하고
매일같이 전투태세
굴복하면 사정없이
휘둘려 포로 되고
간신히 이겨도 남는 상처

항상 부족함이 넘쳐
이루지 못하고 넘어가는
더욱 짧은 시간들
도망자처럼 헐레벌떡

뛰어야만 하는
잡히지 않기 위해

시계추처럼 되풀이 되는
변화되지 않는 모습
새 결심 애인 변심하듯 사라진지 오래
여전히 계속되는 아침 전쟁

폐허로 변한 외갓집

잡풀 뒤집어 쓴 금방이라도
쓰러져 넘어질 것 같은
낡고 보잘 것 없는 몸
인적 사라진 자리
홀로 우두커니 지켜왔건만
더 이상 버틸 힘없어
곧 숨넘어간다는 사실
너무나도 잘 알아
아무에게도 기댈 수 없고
어느 누구도 거들떠보지도 않는
옛날 화려했던 추억
바다 밑 어디로 갔는지
흔적조차 찾을 길 없이
산산조각 부서져
슬픈 울음만 흐느낀다

박 볼트

탄환 닮은 듯 순식간 날아가는
어느 누구도 당할 수 없는 지상 최고 스피드
자메이카 피 흐르는 번개 같은 사나이
러닝아카데미 닮은 피
흑표범 같은 날쌘 몸놀림
볼트라 불리우는 마라토너
수수깡 같은 깡마른 허우대
벗으면 드러나는 엄청난 빨래판
믿을 수 없을 만큼 선명한 자국
새털처럼 가볍게 뛰어올라
사뿐사뿐 뛰어가는 모습
보기만 해도 침 흘릴 수밖에 없고
뒤 쫓다가는 이내 꼬랑지 내려야하는
폭발적 스피드와 지구력
그대 이름 박 볼트

채식주의자

고기에 혼쭐난 사람
암 발병
심근경색 동맥경화
지나친 콜레스테롤 섭취
뒤늦은 후회
180도 바뀐 식단
야채와 과일만 만나
때 늦어도 단 하루라도
생 향한 몸부림
산해진미 아무리 많아도
채소 과일만 눈에 들어와
반쪽만 즐기는 맛
적절히 만나면 될 것을
멀리할 필요까지

구속하지마

어디야?
그 새 못 참고
허전하니까 울려대겠지

부르는 소리
화들짝 놀랄 것까지
예뻐서 찾는데

잠시라도 옆에 없으면
꽁꽁 밧줄로 묶어둘까
나만 바라보며 인형처럼

놔 줘
새장 갇힌 새
날개 짓도 못하고
퉁퉁 살만 찌게 하지 말고

구속하지마
자유롭게 활짝
하늘 높이 훨훨
마음껏 도약할 수 있게

자화자찬

얼굴 간지러
스스로 잘 났다
내 딸 예쁘다
내 아들 멋져
자제해야 하는 거 알면서도
좋아서 나오는 말
우리는 팔불출

하루 그림처럼 지나가고
또 하루 시작
가야할 곳 있기에
저절로 떠지는 눈과 발
누군가 뒤통수치며
시시해 김밥 계란 감자
대단하지도 않은 것들
안 가길 잘했어
그래도 좋아
스스로 만족했으니

찐 감자

압력밥솥 가득히 옹기종기
예쁘게 삶아 달라고
아침부터 떠드는 감자
딱딱하던 몸 열 받으니
조금씩 물렁해지며
토실토실 푹신해진다
젓가락 찔러 보니
미끄러지듯 쑥
아주 부드럽게
알맞게 익었다고 인사하니
만족한 미소 저절로

훌훌 떠나기

마음은 떠나고 싶지요
얼마든지
막상 닥치니 울고만 싶어요
장벽이 앞을 가려
가고파도 못가는 신세
훌훌 털어버리면 좋으련만
무릎이 말 안 들어요
애가 열 나요
갈팡질팡 중심 잡지 못하고
헤매다 종착역까지
이제 더 이상 지체할 수 없는
결정의 순간
째깍째깍 목을 죄듯 다가온다

가을비

촉촉이 대지를 적십니다
아주 조금씩
어린애 오줌 누듯
수줍은 듯이 미안하다고
보조개 드러내며 멋 적은
미소 보입니다

계절이 새 옷 입었다고
자랑하듯 뽐냅니다
바라보니 흐뭇함
철철 넘쳐나 절로
아기 재롱 보듯 합니다

귀여운 어린 새댁
조심스레 시부모 인사하듯
얌전하기 송갓십 며느리보나
사대부 집안 장손보다
하늘같은 산입니다

깨끗이 씻어주고
어느새 숨어 버리고
조용히 가 버렸습니다
가지 말라고 잡을 겨를도 없이
전광속화 같은 속도로
이별 통보한 애인처럼
강한 여운 남기고

어영부영

한 달 두 번
훌쩍 떠나 버려
한 번도 못 나오고 지나쳐
분위기 흐려도 유분수지
한두 번도 아니고 매 번
사정이 생겨
다음엔 또 무슨 일
시작도 못하고 지나간 한 달
어영부영 또 한 달
종강 때나 얼굴 비추고
예쁘게 봐 주세요
학점 구걸
졸업장 받으면 그걸로 땡

송이

날 가져가세요
얼마인지 몰라요
지나치게 부르면 아파요
아무리 탐나도
배 아프면 안 되잖아요
후회는 한순간
구차한 모습 싫어요
예쁜 아가씨
눈 감고 지나치세요
순진하고 어리숙하게
부르고 찾아서
밀려드는 후회 싫어요
기분 좋게 가져가세요

발바닥 아파요

자고 일어나니
불어 터진 라면처럼
퉁퉁해진 내 발바닥
어루만져 주고 쓰다듬어도
아파요 아파
잠시 가라앉을만 하면 또 발동
밤새 내 피 빨아 먹던 모기보다
더 신경 쓰이는 발바닥
주사도 약물도 찜질방도
한 번도 웃지 않고
아프다 징징대는 발바닥
때려주고 싶은 못난 자식

머리 길다고

뒷모습 긴 머리
남자 탈의실
화들짝 놀라
번지수 잘못 찾았나
알고 보니 머리 긴 남자
깊이 박힌 고정관념
머리 긴 남자 처음 봐
놀라긴
갑자기 떠오르는 이외수
외소한 몸 긴 머리
나도 한 번 길렀으면
새끼도 꼬고
핀으로 묶기도 하고
보글보글 볶기도 하고

하루 두 탕

단양팔경 유람
속전속결 마치고
길 따라 구름 따라 요리조리
옷 변신하고
흐르는 시간 최대한 절약하며
마침내 멈추었다

교대역에서 한 시간
쭉 가서 종로3가
한 번만 바꿔 타면
광화문역 세종문화회관
기다리는 연인 만난다

절대 늦을 수 없기에
승용차 버려두고
갈 같은 시하철
지금 이 순간 달려가고 있다
조바심도 다급함도 없이
펑펑 울려대는 에어컨 바람 맡으며
여유로운 미소 피운다

비폭력대화

예전 웃자고 장난치며 한 말
가시로 다가온 적 있다

말 가려 해야 하는데
때론 침묵이 금 될 때도
말하기에 앞서 들어 주는 태도
욕구 충족 크나 작으나

늦은 밤 치킨 냄새
없어진 치킨
먹고 싶어서 아니라
먹어 보라는 말이라도
말 한 마디라도
감정 앞서기 전 교감
응 그랬구나
들어주는 열린 태도
맞장구치며
상처 치유되는 공감대
말의 폭력 씻는 길

기분 좋은 전화

정신없이 흐르는 하루
약속도 못 잡고 떠나보내고
허둥지둥 갈팡질팡
어느덧 하루해 뉘엿뉘엿
묘령의 여인 전화
귀 번쩍 뜨이며
환한 기운 퍼지니
움츠렸던 어깨
굶주린 사자처럼 날쌔게
화들짝 놀라 저절로 펴져
하루 피로 사우나 갔을 때보다
더 개운하니
오늘 밤 또 다른 여인
행여나 다가올까
손이 아프도록 놓지 못한다

순진하게

어리숙하게 아무 의심도 없이
돈에 피 흘리고 믿음에 상처 입어
여차하면 인공호흡기 불러야
큰 쇼크 수심 가득 쌓이니
꼬인 쇠사슬 무슨 수로
울리지 않는 벨
초조함 불 질러
끙끙 가슴앓이
긴 한숨 허공 때리니
파란빛 까맣게 되어
타들어가는 마음
단 번에 꺼버리고
잠시나마 암울한 기억 지운다

치매

아버지 저예요
아빠 딸이라구요
애경 씨 왜 이러세요
이제 그만 집에 가셔야지요
오래전 헤어진 옛 애인
웃음 짓는 아빠 눈
뒤 돌아서는 딸
말도 잃고 정신도 잃었다
돌이킬 수 없는 현실
세월 속 파묻힌
아버지 아버지

누구를 위한 공부인가

한 학기 사백만 원 넘는
단 한 과목 만난다면
한 번에 오십만 원
빠져서는 안 된다는 사실 알면서도
목구멍 철사 줄 얽혀
한 달 내내 그림자조차 못 밟아
설렁설렁 다녀도 학점 찾아오니
졸업장 위한 만남
황금 같은 소중한 경험 잘 알기에
떠난 후에도 발 길 돌려 찾아오니
겉치레보다는 내실 꾸려
소중함 얻는다는 사실
가운 덮어쓰고 종이 한 장 받는 일보다
더 아름답고 소중한 일

시 합평

천 시인 잉태한 이란성 쌍둥이
같으면서도 너무나 다른

예뻐지기 위한 화장
멀리서 그럴듯하게 끌어 와야 한다는
허드레 말장난 하지 않는
이미지 나열 아닌
비논리적이면서도 논리적인
나만의 독특함

물구나무서서 바라보는 시선
밋밋함보다는 긴장감 흐르는
말하지 않고도 은근히 속살 비치게

치매 아버지 옛 애인 되어
집 밖 나설 때 뺑 늙린 얼굴
잠시나마 수호 씨 되어 바라보는
이상한 아버지 미소

딸을 딸로 보지 못하는
늙고 병든
눈귀 감옥처럼 막혀
미소 칼날처럼 꽂혀
피 흘리며 피는 꽃

가을 소풍

가을 소풍!
생각만으로도 가슴 벌렁벌렁
어린아이처럼 날짜 헤아리며
도망간 여친 돌아오듯 설레며
김밥 과자 과일 음료수
흐뭇한 먹거리 생각만으로도
군침 가득
모이자! 가자!
집 떠났다고 마음 멀어져야
흔치 않는 기회
서로 함께 손잡고 룰루랄라
이야기 샘물 퍼올리듯
하루 종일 따발총 쏴도
웃음만 대바구니 한 가득
이 없으면 잇몸으로라도
이왕이면 나홍치바
가을 정취 느끼며
오붓한 잔치마당
친구처럼 연인처럼 가족처럼
가을소풍 만나자

시 맛

뭔가 새롭다는 것
수많은 조개 속에서
진주 찾는 일
말처럼 쉽다면 누구나
색다른 맛
식상하지 않고
감칠 맛 느껴지기에
쉬 지루하지 않고
오래도록 남아있어
집을 짓듯
벽돌 하나하나 올리듯
시어 쌓는다
불필요한 가지치기
군데군데 불필요한 살점
있어서 좋을 것 하나 없는
그야말로 언어 엑기스
남이 안 쓰는 나만의
독특한 맛 우려내어
언제 보아도 흐뭇한
산해진미 가득 풍성한 식탁
바라만 봐도 군침에 얼굴 범벅
이제야 비로소 느껴지는 시 맛

가장 아름다운 이름

여자라는 이름 참 가지가지
소녀 계집애 가시나 아가씨
아줌마 아내 며느리 부인 누구누구 댁
그 중에도 최고로 아름다운 이름
엄마 어머니

세상사람 모두 어머니 뱃속
자궁 속에서
피 빨아 먹고 태어나
주신 젖으로
기어가고 걷고 일어섰다
아무리 커도 잊을 수 없고
버릴 수 없는 이름 엄마

세월 앞에 비난셜 같던 얼굴
할미꽃 되어도
자식 바라보는 눈매
젖먹이 어린아이 쳐다보듯
모진풍파 걱정하는
따사로움 태양보다 더 뜨거운 기운
철철 물 흐르듯
그 이름은 여자 어머니

다 내 탓이오

까마득히 잊었다
까마귀 고기 먹은 것도 아닌데
깜빡하는 버릇
오래가면 병
치매라고 생각하기엔 이른 나이
왜 벌써 자주
나도 모르게 잊는다

워낙 바쁜 세상
시시각각 변하는 물결
거부하지 않고 다가가기엔
너무나도 복잡한 실타래들
그 속에서 나는 자꾸만 잊는다
잊기 위해 잊기도 하고
잊지 않으려 하나 잊어지기도 한다
오래된 배우의 얼굴 이름 목소리는 잘 기억난다
TV를 잃은 탓인가
새로운 얼굴과 이름 전혀 알지 못한다

내 자신이 잊어 놓고
남 누군가 잊었다고 생각하며 책망하는
그런 내 모습이 부끄러워
낯빛이 새 빨갛게 달아올랐다
모든 것은 다 내 탓이오
잘못은 나로부터 잉태 되었으니
나를 탓하지 않고 그 누구를 탓하겠는가

북악산 성곽투어

사전 답사 나간 길
약속대로 모인 다섯 명
경복궁역 앞 소풍 나온 기대감
한껏 부푼 배낭
윤동주 문학관 시인 언덕 풀어 놓는다
옥수수 김밥 고구마 커피 포도 찐계란 빵
한껏 벌여 놓으니 넉넉한 미소
포만감 행복 부른다
슬슬 몸 일으켜 오르니
시작부터 만만치 않은 상대
작전 후퇴
숙정문까지만
중간 중간 배낭 속 비우고
여유 부려도 세 시간
오가며 먹어도 땡기는 입 맛
떡볶이 순대 튀김
하얗게 비우며
아쉬움 가득 안고 돌아 선다

아무리 불러 보아도

와 달라고 같이 가자고
목이 메도록
애간장이 타들어 가도록
아무리 불러 보아도
움직이지 않습니다

사정 있겠지요
피치 못할 사정이라면
혹 그렇지 않다 할지라도
강요하지 못합니다

뭔가 안 좋은 추억
가서는 안 되는 아픔
누군가 폐 되기에
우울한 기분 사로잡힙니다
모날지 못한 성격
다 그러려니 이해 바랍니다

이제 다시 가자 말하지 못 합니다
아픈 마음 찌를 수 없기에
말없이 그냥 가렵니다
스스로 움직이기 전엔
함께 할 수 없습니다

멀어진 사이

바늘 가는데 실
항상 남편 따라 다니는 아내
부부이기에 믿음과 사랑 만났기에
잉꼬부부 만인의 부러움
어느 순간 금 간 사이
따로 국밥
엇박자
밥도 따로 잠도 따로 여행도 따로
무너진 신뢰 앞
한 없이 멀어져 간 사이
금 간 벽 좀처럼 아물지 않고
아무리 메우려고 해도 메워지지 않는다

할아버지

왜 서러우냐
그 소리 들었다고
왠지 모르게 늙어 버린
아직 사십 대
아들이 새끼나면
할아버지 되는 자연의 법칙
벌써라는 생각
그만큼 날쌘 게 세월인 것을
나도 모르게 하루하루
할아버지 되어가고 있는 현실
나날이 침침해지는 눈
조금만 먹어도 부른 배
흐물흐물 술 취한 놈처럼 흐느끼는 다리
할아버지 맞네
그렇게 너도 늙어 가는 거야

나 싸우러 간다

아침이 무서워
떠지지 않는 눈
일어나야 한다는 의무감
무거운 짐 눌리듯이
가슴 졸여온다

전쟁터 같은 삶
소총 하나 둘러매고
적진 앞으로
지켜야 하기에
힘들어도 참아가며
아침과 싸운다

굿모닝
정겨움에 눈 크게 뜨고
힘찬 빌걸음
한 발 두 발
하루 희망 보며
힘차게 노 젓는다

어디선가 들려오는
응원 목소리
파이팅!
싸우라는 얘긴가
도대체 누구와 무엇 때문에
나약한 내 마음과
흔들리는 결심과
싸워야 할 상대는 많다

지친 다리 힘주고
처진 어깨 세우고
늘어진 배 힘주어본다
싸우다 쓰러져 비참한 최후
돌아보지 않기 위해
눈 크게 뜨고
적을 향해 돌진한다

대체휴일제

첫 시행
말도 많고 탈도 많지만
하루 더 쉰다는 것
꿀맛같은 여유로움
차례 지내고 처갓집 다녀오고도
남아도는 시간
또 다른 고민
어딜 가야할지 뭘 해야 할지
한편에선 볼멘소리
누군 쉬고 누군 일하고
새로운 직장차별

어차피 민주주의 사회
피할 수 없는 이치
추석도 잊은 근로자
말뿐인 대체휴일
우린 그 딴 거 몰라
목구멍 간지럽히려면
추석 아니라 추석 할애비 와도
마중 나가야지
새벽부터 해 떨어질 때까지

담뱃값 인상

십 년 전 오백 원 찔끔 올려놓고
늦어도 한참 늦었는데
여기 저기 눈치코치
배로 올려도 시원치 않을 판
싸도 너무나 싼 십 년 전 가격
오른 물가 생각도 않고
제자리걸음
국민 건강 생각한다며
올려라 말한 지 기억조차 흐물흐물
이번엔 확실히
개미 오줌만큼 올리고
이 정도 했으면 됐지
그래 놓고 맨 날 돈 없다 죽는 소리

일 년 동안

일 년 동안
태어난 개인 시집 네 권
초스피드 시집
잘 나고 못 나고 떠나서
뭔가 이뤘다는 결실
한 해 동안 거둔 농사
추수하는 마음으로 거둬들이니
남이야 뭐라 하든 말든
만족스런 미소 나도 모르게
아지랑이 피어오르듯 꿈틀
이대로 앞으로 사는 날까지
계속 끊임없이 이어져
내 키보다도
내 집보다도
동네 산언덕보다도
높이 높이 쌓여
찬란한 금자탑 이뤄보리

빵집 아저씨

푸짐한 인상
넉넉한 뱃살 속
빵이 한 가득

다가가 인사하면
금방이라도 뱃속 뒤져
옜다 빵 하나 넙쭉
퍼주다 언제 빵 팔으려나
정에 끌려
너나없이 주다
빵 다 도망갈라

왠지 모를 친근함
빵 인심 사람 인심
왜 그리도 편하고 좋은지
너나 할 것 없이
편하게 다가가
스스럼없으니
이것도 영업전략

좋은 이웃 덕
빵 한 번 잘 먹어
억수로 좋다만
그냥 먹는 빵
미안함 솟아오르니
때 되면 그 놈 빵 값
갚아야지 갚아야지
빚진 사람 신세
항상 마음만 가지고 있으니

아빠는 만물박사

졸졸졸 흐르는 시냇물
철부지 딸아이
창피한 줄도 모르고
옷 훌러덩
그물 친 아빠 따라 졸졸
고기 달라 아우성
연신 그물질
와 월척이다
귀청 떨어질 듯
세상천지 이 보다 좋을 수가
동심 눈동자
아빠는 만물박사
뭐든 척척
원하는 건 다 해주는

은비야! 리세야!

이제는 불러도 대답 없는 이름
시간을 돌릴 수만 있다면
비 오는 고속도로
종이짝처럼 구겨진 승합차
그 속에서 아파했을 너희들
한순간 운전자 실수
스물 둘 스물 셋
너희들 청춘 스러지기엔
하늘이 울고 땅이 울어도 모자를 슬픔
왜 하필 그 차에 타서
왜 하필 비가 와서
왜 그런 설익은 운전자 만나서
왜 바퀴 빠지는 렌터카 타서
좀 더 조심했더라면
안전벨트라도 맸었더라면
과속하지 말라고 주의 줬더라면
해맑은 너희 웃음
환상적 율동 지금도 이어졌을 텐데
이런 일 전에도 일어났기에

조심조심 안전 지켜야 했었는데
채 피지 못하고 스러져간 너희들
무어라 할 말이 없구나
미안하다 미안해

제4시집

시집이 왔어요
네 번째 시집이랍니다
한 번 봐 주세요
쉽게 쉽게 읽혀요
어렵지 않아 친구 같아요
바쁘고 힘든 세상
복잡한 것 싫잖아요
누구나 쉽게
동화책 보듯
만화책 읽듯
아주 쉬운
시집이 찾아왔어요
웃다가 울다가
세상사 항상
웃는 일 우는 일
함께하기에
시집 제목이랍니다

직장 다니랴 공부 하랴

삼십 분만 늦춰주세요
직장 울어요
공부 보고 싶지만
얽매인 몸
어느 하나 버리기 쉽지 않아요

아깝다는 생각 있지만
어쩔 수 없어요
일주일 한 번도 헐떡
첫 만남 때도 마음만
양다리 걸치기 힘드네요

없는 시간 쪼개려니
잘라 먹기 일쑤
한 학기 일순간
할 건 많은데 제대로 된 것 없이
그냥 그렇게 가버리네요

추석

가을 저녁
석양에 노을 지듯
낙엽 뒹구는 거리
아직 한낮 폭염 살아있는데
추석은 계절을 잊었나 보다

성질 급하게도
가을 저녁 되기도 전에
성큼 얼굴 내밀며 인사하니
미처 준비 못한 상추객(賞秋客)
서둘러 옷 갈아입기 바쁘다

오곡백과 여물고
잘 익은 벼 고개 숙이며
알밤송이 토실토실 속살 드러내는
보기만 해도 침 넘어가는
풍성함의 대명사

해마다 한가위만 같아라
말 속 담겨있는
맏며느리 같은 듬직함으로
친구처럼 연인처럼 다가와
팔짱끼는 가을 전령

소리 없이 어느새
내 곁에 다가와
가족 품 안기는 따사로운 마음씨
넉넉함이 철철 대바구니 한가득
안 먹어도 배부른
보기만 해도 미소 짓는
그래서 추석인가 보다

스타 아내

아내는 스타
화려한 조명
빛 발하는 데
그림자처럼 아내 쫓는 남편

만인의 연인이 된 아내
묵묵히 그늘에 앉아
무대 바라보며 자위 한다
유명인이기에
포기해야만 하는 삶의 한 부분
아내는 스타이기에

딸이 있었으면

딸 바보도 좋아
그 놈의 딸 하나
천지신명님께 빌어 여우같아도
더도 말고 딱 하나만 있어도

미련 버리려 해도 버릴 수 없는
남의 집 딸
예사로 보아 넘길 수 없으니
딸 하나만 아무리 노래 불러도

마누라 눈 하나 깜짝
어디 날 테면 나 보라지
이미 차 떠난 지 오래
그럼 내 팔자에 무슨 딸
어디 그게 내 맘대로 되는 감

추석 전야

텅 빈 집
아이들도 아내도
모두 나간 적막한 오후
나 혼자 자유 만끽 한다

혼자이기에
한 없이 자유롭다
마음대로 움직인다
책을 읽고
잠을 자고
신문을 본다

뭔가 새로운 소식 없는 지
두 눈 두 귀 쫑긋 세우며
변화된 추석 바라본다
시끌벅적 요란한 모습 온 네 간 네 없고
조촐하게 가족끼리 오순도순 모여
정을 나눈다

시장 보고
송편 빚고
전 부치며 하루 종일
분주한 음식 장만은 옛 말
간편한 세상
모든 게 다 있다
클릭 한 번이면 만사 오케이
더 이상 추석은 바쁘지 않다

도돌이표

촌음 다투는 빡빡한 시간
빗길 과속
언제나 도사린 사고
또 한 명 어린 생명
손 쓸 겨를도 없이

안전규칙 등한시
기본만 지켰어도
일어나지 않았을 사고
어린 운전자
미숙한 조작

허투루 대수롭잖게
언젠간 또 터질 일
이번이 처음 아냐
전에도 또 그 전에도
배우 누구 탤런트 누구 코미디언 누구
새벽 운명했었지

아마도 앞으로도 또
살인 스케줄
과속 안전띠 미착용
누군가 떠나가겠지
알면서 지키지 못하면
도돌이표 계속 되겠지

어렵지 않아요

어려워 말아요
마음 속 할 말 그대로
누구든 할 수 있어요
느낀대로 말해 보아요

그봐요 쉽잖아요
솔직하게 속삭이듯 자연스럽게
어때요 할만 하잖아요
어렵지 안잖아요

겁먹지 말아요
해보니까 아주 쉽잖아요
그냥 넘어가지 말아요
이렇게 재미있는 건
세상에 없어요

시골 버스

인적 드문 시골길
버스조차 한가하다

띄엄띄엄
언제 올지 모르는
으레 그러려니
기다리다 지친 나그네
터벅터벅 포기한 발걸음
힘없이 내딛는다

오지 않는
애타는 님 기다리듯
애간장 터지게 만드는
귀하디귀한 시골 버스
참 만나기 힘든
이웃사촌이다

비가 웁니다

비가 웁니다
목청에 바늘 찔린 것처럼
아파하며 자꾸 눈물 흘립니다
이제 그만 울라 말해도
뭐 그리 슬픈지 그칠 줄 모릅니다

그쳤다 싶어 다시 쳐다보면
어느새 또 눈물 자국
촉촉한 이슬처럼 적십니다

다가가 안아 봅니다
애인처럼 포근하게 안기는 감촉
실 비단 만지듯 매끄럽습니다

잠시 숨 고르듯 잠잠해진 모습
놀란 토끼 쳐다보듯
신기하고 새롭습니다

어느새 캄캄해진 하늘
언제 그랬냐는 듯
얼굴색 변하며 웃습니다

간만에

간만에 마신 술
미처 대비 못한 탓
여기 저기 울어대는 창자들 목소리
기름진 안주 범인일까
영 속 가만있지 않는다

나 좀 살려주소
그깐 맥주 몇 잔
탈 없이 귀향했건만
그때부터 시동 걸리기 시작
위장약 처방해 봐도 속수무책

왜 이리 민감해
여자처럼 어린애처럼
밤새도록 울더니
새벽녘에서야 겨우
오랜만이어서 그랬겠지
그래서 놀랐을테구

도대체 뭔데

왜 없겠어
핑계 없는 무덤 없잖아
촌음 다투는 중요한 일
먼저 처리하는 게 당연하지

누군들 안 오고 싶겠어
일 꼬이다 보니 사정상
왜 하필 이때
한 번이 두 번 되니 문제지

지각도 해 본 사람이
결석도 한 사람이 또
묘한 일이야
호랑이 물려가도
정신 차리면 산다잖아
흐트러진 정신
한 번쯤이야

시작이 반이라는데
첫 삽 뜰 때부터
도대체 왜 무슨 일로
일언반구 얘기도 없이
멀리 있다
얼마나 멀기에
지구 끝이라도 간 걸까

김새는 소리
기대했던 사람들
얼굴 붉히니
이제라도
전후 사정 얘기
속시원히 한 번 털어나 봤으면

해 보고 싶어요

무모하다 하지 마세요
할 수 있으니까
자신감 있으니까
되든 안 되든
일단 한 번
엎어져 고꾸라지더라도
해보겠어요
커다란 장애물 앞가린다는 것
잘 알아요
그래도 해 보고 싶어요
잘못된 선택이었다고 욕해도 좋아요
어차피 결과일 뿐이니까요

신 작가 퍼지다

이럴 줄 알았다
출발 전 몸 풀 때부터
떨어지지 않는 발걸음
조깅도 힘들어 외치는 몸
실전은 다를 거야
3시간 40분 페메 두 명
그래 저 풍선만 잡으면 문제없어
발걸음 맞춰
제발 끝까지 수 십 번도 더

5 km
10 km
15 km
이 때까지는 좋았어
풍선 함께 했는데
서서히 바람 빠지듯 꺼져가는 힘
같이 가자고 불러 봐도
따라가지 못하니
또 다시 흘린 눈물

왕복 2회전
눈 앞 골인점 있으니
1회전만
더 뛸 마음도 몸도
완전 바닥난 상태

신춘문예 시

시 쓰고 싶어요
신춘문예 당선되고 싶어요
어떻게 쓰면
심사위원 필 꽂힐까
소월처럼
영랑처럼
목월처럼
절대 뽑힐 수 없는 시

뭔가 형이상학적이고
이상야릇해서
한참 생각해도 이해 못하는
코페르니쿠스적 발상
이래야 남다르고 색 달라서
심사위원 한 번이라도 읽어나 보지

사 오천 통 하는 시 편들 중에
단 한 편의 시
남들 다 아는 평이함과

누구나 쓸 수 있는 소재
일단 눈에 띄려면 튀어야 되기에
젊은 애들 발랄함으로 통통 튀기니
고리타분한 옛 시에 물든
중년 이상 늦깎이 지망생
아무리 머리 쥐어짜서 써 본들
변하지 않는 시어들
절대 당선 될 수 없는 신춘문예

6

텔레파시

눈은 읽는다
단 번에 나를 꼬집고 쳐다본다
익히 잘 아는 얼굴
너무나도 많이 보았던
웃음으로 화답
뚜렷하게 바라보며
실실 여인네 궁둥이 본 것처럼
쪼갠다
아주 재미있다는 듯이

괜스레 웃는 마음
서로 간에 통하는 그 무엇
남녀 간도 아니고
부모 형제도 아닌
남남 간 나도 모르게 느껴지는
강한 전류
순식간 짜릿한 촉감으로
나를 바라보고 있다

어느 순간에

어느 순간 다가 온 그 날
멀게만 느껴졌는데
벌써 이렇게 빨리
차일피일 미루다 보니
허겁지겁 헐레벌떡
정신 차릴 사이도 없이
내 앞으로 떡 하니 나타났다

왜 이제야 뒤 늦게
후회 눈물 보여도
아무 소용없는 짓
여차하면 코 베어가는 세상
정신 똑 바로 차려야지

만남

설레는 마음으로 기다려 봅니다
하루하루 흐르는 시간 바라보며
마주하게 될 모습 상상만으로도 흐뭇합니다
왜 그렇게 마음이 쿵쾅 거리며 울렁일까요
너무나도 부푼 기대감
떨리는 가슴 주체할 수 없네요
기꺼이 얼굴 보여 주신다는 말씀
요동치는 심장 소리
한 밤 그냥 놓아주지 않습니다
상기 된 표정 그림처럼 다가옵니다
시침 소리 흐르듯 잔잔한 물결 출렁입니다

말 한 마디가

기우였다고
그 말 한 마디
뼈가 되고 살이 되고 힘이 되어
나를 세운다
강한 자신감과 용기
그 말 때문에
온몸 전율 흐르듯
강한 자극으로
피 흐르게 만든다
열 마디 칭찬보다 더 강하게
내 몸 속 깊이 파고들어
푸릇푸릇 새싹 돋아난다

바쁘다 바빠

이것저것 장바닥 물건 늘어놓듯
천방지축 벌린 일
하나하나 수습하려하니
애간장 똥줄
정신머리 어디 숨었는지
팔다리 어깨
너나 할 것 없이
나 살려 달라 애걸복걸
모든 게 주인 잘못 만난 탓
그러게 욕심은 적당히
다 할 수도 하지도 못하면서
왜 사서 고생하는지
한 치 앞도 보지 못하는
어리석음이여

송년회

간다 또
사정없이 거세게
보내는 마음 달래며
술 한 잔
맞이하는 기대로
또 한 잔

말처럼 달렸던 해 뒤로
양처럼 무리지어 달리는
새해 문 두드리며 서 있다

위하여 또 위하여
힘찬 건배
아쉬움 털어내며
달려라 아주 빨리 아주 힘 있게

아쉬움 버리고
희망의 바구니 안고
벅찬 환희 맛보며
이제 떠나보내고 즐기자

가요무대

찔레꽃, 선창, 번지 없는 주막, 동백 아가씨, 나그네 설움
듣기만 해도 절로 흥얼대는
반갑게 다가와 인사하는 멋쟁이 신사 숙녀
그 시간만큼 세상만사 온통 노래 젖는다

구성진 가락 보기만 해도 즐거운 코러스
몸 빼 입은 노래
시간 잃고 흐르며
애인보다 사랑스럽게
마음 흔들며 유혹한다

귀요미부터 지긋한 원로
가족이 되어 손잡고 목청 울리는 시간
즐거움 오래도록 귀 기울인다

기 죽은 체력

지칠 줄 모르는 체력
어디서 그런 힘이
밤이 하얗게 변해도
피곤을 모르고
새파랗게 살아있다

힘없이 지칠대로 지쳐
다 죽어가는 생쥐 모양
극렬하게 대비되는 모습
풀어진 다리
혼비백산 된 정신
나사 풀린 뭔가 하나 빠진듯한

기 죽은 내 모습
동년배보다 못한 힘
스스로 책망하며
키워야지 키워야지
마음만 바쁘게
중얼대며 외친다

67 양띠

67년 출생한 동갑내기
마라톤클럽 동우회로 만난 사이
일면식도 없이 처음 만난 순간부터
스스럼없는 이야기
서로 간 이름 부르며
야 너 불러도
마냥 좋게만 느껴짐은
67년 양띠라는 동질감
68년 잔나비 띠
나도 좀 껴달라 말해도
태생이 틀리잖아
절대 받아들일 수 없는
우리들 법칙
호적 탓
웃기지마라
파 가지고 오든 삶아 오든
우리 사전엔
67만 있으니
아니면 그만
꼬으면 고쳐 오던가

보조개

웃을 때마다 나타나는
깊게 푹 팬 점
볼 때마다 느껴지는
매력 포인트
아무나 만들 수 없는
천연 걸작
자연스럽게 눈이 돌아가고
자꾸만 보고파지는 얼굴
쉽게 잊히지 않고
긴 여운으로
머릿속 깊은 인상 꽂힌다

사천에서

67 양띠 친구들
마라톤 의기투합
경상남도 사천 행
막차로 합류하여
첫 만남에도
오래된 친구처럼
자연스런 스킨십
남자 여자 따로 없이
스스럼없는 행동
일찍이 보지 못한
자연스런 행동
밤늦도록 어우러진 만남
친구라는 이름 있기에

유민 아빠

아들 먼저 하늘 보낸 아비
어찌 그 아픔 천 만 분일이라도
피지 못하고 쓰러져 간 어린 영혼
왜 피눈물 흘려야 했는지
아직도 제대로 밝히지 않는지
대답해 달라는데
한 번만 만나달라는데
그게 그렇게 어려운 일인지

야구장에서

목청이 터져라
징 징 징 울어대는 북소리
기아타이거즈 공격
응원단장 춤사위
흥겨운 날개 달고
치어리더 흰 치마
너풀너풀 나비처럼 날아
둥 둥 둥 장단에
절로 흥얼댄다
호각소리 세차게
날려 버려 날려 버려
타이거즈 외치는 소리
우 우 우 우 터지는 박수와 함성
야 안타!
포물선 그리며
강렬하게 날아가는
하얀 그림자
살아있는 역동하는
젊음의 도가니
거꾸로 흐르는 시간마냥
내 몸은 젊어진다

마음먹었을 때

필요하면 해
왜 망설여
미루고 미루다
결국 못 하는 게 인생
천 년 만 년도 아니고
아주 잘 살아야
겨우 백 년
그것도 열의 아홉은 못 살아
돈이 없어
맨날 없지
언제 있어서 하나
조금 조금씩 쌓는 거야
마음먹었을 때 저질러
할까 말까 망설이다
오는 복도 못 잡고
차 떠난 뒤 뒷북치는 격

얼음물 샤워

왜들 얼음물 뒤집어쓰고 난리야
빌 게이츠 조지 부시
서로들 물 끼얹는데
날 좀 봐 주세요
쇼하는 것 같아
좋은 취지라지만
대 놓고 자랑하는 거 같아
은근슬쩍 줘도 새도 모르게
도와야지
나 하니까 너도 해
너무 속 보이는 짓
자꾸 보니까 갑자기 나도
오늘밤 한 번 끼얹어 볼까
카메라 들이대고
영상 올려 볼까나
박근혜 대통령 지목한다면
연쇄 다발적
천오백 만 관객 동원 명량처럼
아이스버킷 열풍

너도나도
날도 더운데
얼음물 시워
한 번 동참
거 참 괜찮은 발상인데

지겨워서

맛난 음식 매일 먹으면
좋은 말 매일 들으면
재미있는 글 맨날 본다면
아이구 지겨워
절로 나온다

날아라 창작방
아무리 재미있어도
맨날 같은 사람 글
이제 눈 감고도 알아
너무 자주 나오니
읽다가 지쳐

시 한 줄 읊어 달라는 소리
어디 시가 시도 때도 없이
미친 놈 방귀 끼듯
나오는 것도 아니고
골머리 쥐어짜야
겨우 한 편 나오는 것을
이 시 한 편
잔대가리 한참 굴려
쓴 것 아는지 모르는지

그만 바래

아프고 힘든 곳 어루만져주니
왜 여기는 안 해주냐고
누군 해주고 누군 안 해줘
몸이 하나
여기저기 다 신경 쓰다 보면
열 몸도 모자라
지나친 기대
과한 욕심
속 좁은 인간 이기심
안 해주는 게 아니라 못 해주는 것
어린애 투정 부리듯
바라지만 말고
스스로 먼저 행하는 게 도리

아쉬우니까

기쁨 반 아쉬움 반
나이 떠나 배움 찾아 나선 길
종착역 와서 내리라니
어쩔 수 없이 돌아 선다
몸 떠나도 다시 찾고자
청강을 부른다
시도 좋고 소설도 좋아
찾아서 만난다
좋으니까 벌이 꽃 찾듯이
놓칠 수 없어
다시 찾아오마 맹세
그래 신입생 기분
다시 시작하는 거야

은이 왔네

못 올 줄 알았는데
웬일로 왔을까
늦었지만
와 준 것만으로도 고마운 일
예쁜 분홍색 치마
한껏 멋 낸 모습
그래도 의리는 있어서
남편 입 있는대로 나와도
가야지 가 봐야지
시간 쪼개서 달려왔네
하루 더 쉬면서 즐길 시간
선배 졸업인데
안 가면 두고두고 아쉬워
큰 맘 먹고 찾아왔네
교수님 선배님 막내 정훈이까지
그래도 한 솥밥인데
이럴 때 뭉쳐야지
마음은 있어서
정성스레 준비한 선물
졸업하는 선배 세 분
은이 자랑 입에 떨어지지 않는 구나

남 상병

왜 그랬어
아빠 믿고 때렸어
성추행은 또 뭐야
장난이었어
회초리 맞아야지
때린 만큼 아니 그 몇 갑절로
자식 잘 못 가르친 죄
대신 맞겠다고
당연하지 둘 다 맞아야지

왜 하필 이때
윤 일병 시끄러운 때
걸려도 단단히 걸려들었네
아빠 얼굴 똥칠 했으니
어찌 들고 다닐까
사과 한 마디
끝날 일 아닌데

오냐 오냐 키운 버릇

망나니처럼 폭발하니
앞뒤 재 볼 시간도 없이
제 성질 못 이기고
본능적 야만적 행동
콩밥 실컷 먹어 보고
예전일 교황님 앞 세례 받는 심정으로
엄숙하게 마음에 손 얹고 반성해

젖은 운동화

물을 흠뻑 뒤집어썼어요
질펀 질펀한 진흙도 만났어요
시커먼 웅덩이에 빠진 것처럼 까매졌어요
햇볕이 그리워요
일광욕 해야겠어요
속옷 다 벗고 드러누워
온몸 말려요
시간 가는 줄 모르고 누워 있다 보니
어느새 해 도망갔어요
그래도 가만히 있었더니
비가 소리 소문 없이 찾아 왔어요
벗어서 말린 몸 다시 젖어요
다시 말려달라고 말해 보지만
해는 저만치 달아나 보이지도 않아요
진작 옷 입을 걸 후회하며
하룻밤 꼬박 샜어요
다음날 그제야 찾아 온 해를 보며
왜 이제 왔냐고 따졌죠
미안하다며 다시 내 몸 말려주었어요
젖었다 말렸다
일광욕 한 번 제대로 했어요

애매모호한

오면 온다
안 오면 안 온다
딱 부러지게 왜 말 못해

휴가 갔는데
시간 앞 당겨 올라온다는 소린지
휴가라서 못 간다는 소린지

이번에도 틀렸군
온다고 해놓고도 못 오는데
올까말까 갈팡질팡
어찌 오겠노

가고는 싶은데
못 간다는 말 못하겠고
그냥 인사치례 하는 말
다음에 살께 하고
사는 사람 없는 것처럼
평소에는 일 때문에
휴가 때는 휴가 가야 하니까
도대체 언제 올 수 있는 거야

한 철 장사

엄청난 바가지
즐거운 마음으로 떠난 피서길
뜨내기 취급
먹고 자고 노는 모든 것
상인 마음 따라 저울질
인상 봐 가며
엿 장수 마음대로 불러대니
어차피 한 철 장사인데
한 밑천 잡아야지

가는 곳곳마다
웃던 마음 울게 되니
올해만 날이던가
내년도 내후년도 닥쳐오는데
아무리 한 철이라 해도
내 고장 찾아 준 반가운 손님
문전박대 울게 하면
영영 찾지 않고
파리만 날리겠지

서민적인 너무나 서민적인

가장 작은 차 주세요
공항에 나타난 쏘울
소형차 위에 올라 탄 교황
처음 보는 광경
소탈하다 못해 너무나도 수수한
군림하지 않는 낮은 자세
대한민국은 열광했다

일찍이 볼 수 없었던
전 세계 최고 지도자의 서민적 모습
가까이 하고 싶은
너무나도 가까이 하고 싶은
종교와 이념을 떠나
남녀노소 마음을 열고 맞이하는 손님
스스로를 낮추고
약하고 아픈 자 보듬을 줄 아는
참다운 성자의 모습

맑은 미소 속엔
인류 평화의 샘이 솟아 있고
슬픔의 기도 속엔
진정한 위로와 속죄의 눈물 숨어 있으니
절로 고개 숙여지며
우러러 존경의 마음이 솟아오른다

필리핀 댁

필리핀 댁이에요
스무 살 꽃띠
마흔다섯 낭군 만나 왔어요
사랑보다 먹는 게 우선
단 몇 푼이라도
피죽도 못 먹는 울 엄니 아빠
풀칠이라도 해주게
낯설고 머나 먼
풍요의 나라 대한민국
시골집 정착하여
밤낮으로 밭을 매고 논을 매고
때론 맞아가면서
알콩달콩 살아가길 십 년
분신 같은 아들 딸
학교 보내니
네 엄마 필리핀 댁
까무잡잡한 피부
다른 생김새
모진 세월

설움의 눈물 바가지
버리고 또 버렸는데
아이들까지
십 년 세월
한 번도 가지 못한 고향 땅
하늘 바라보며
목 놓아 한없이 슬픈
노래 불러 보아요

마음이 없어요

성의 없으면
마음도 없지요
아무리 외쳐도 한낱 공염불
대답 한 번 해달라는데
아무리 바빠도
밥은 먹고
똥은 싸고
잠은 자잖아요
간곡히 부탁드릴게요
문자 씹지 마세요
간곡한 외침
외면하지 마세요
청컨대 다시 보내면
그땐 대답해주세요
마음 없으면 없다
있으면 있다
기다릴게요

시간이 없어요

마음은 가고파도 시간이 없어요
졸업식 보고파도
마음만 울고 있어요
와 달라는 문자 수십 통 받았어도
못 가는 이 마음
헤아려 주세요

팍팍한 세상살이
녹록치 않은 삶
마음대로 조절하며 살지 못하고
쫓기듯 살아야 하기에
쉬 결정 못 하네요

축하의 꽃다발
한아름 안고 다가가
인사해야 하거늘
매달려 사는 삶
어찌 그리 쉬운가요
훌훌 털어 버리고 한걸음 내달려야 할 텐데
어디 그게 쉬운가요

프란치스코 교황 님

털털한 이웃집 할아버지 같은 인상
맘 좋아 곁에 가면 떡이라도 하나
옜다 먹어라 할 것 같은
격 없이 다가옴은 마치 오래된 친구
수수하고 소탈한 이미지
프란치스코 교황
플란더스의 개처럼 착한 마음
온 누리 전하기 위해
먼 길 마다하지 않고 오시니
먼 발치에서라도 나가
두 팔 들어 쌍나발 불며
환호의 목소리 뿜어 봐야지
이 땅에 진정한 평화를 위해
선물 보따리 한아름 가지고 오신
찬란한 별에게
우리는 아낌없는 환호의 박수를
지구가 떠나도록 우렁차게
손바닥이 닳아 없어지도록 뜨겁게
진심을 담아 온몸으로 환영 해야해

나이

거 참 종류도 많다
나이면 나이지
집의 나이
호적 나이
만 나이
원래 나이
몇 살이냐 물으면
호적 틀려
원래는 몇 살
그 놈의 호적
도대체 왜 틀려
옛날 시골에 살아서
혹 죽을지 모르니
늦게 신고 했다나
전쟁 통도 아닌데
그 덕에 파리 목숨 몇 년 연장했으니
그땐 얼싸 좋구나

이제야

이 보게나 친구
나 알아 보겠나
십 년 병상 눈만 깜빡
코앞에 두고도 십여 년
애증이 교차되는 순간
누워서 말도 못하고
아는지 모르는지
주거니 받거니 했던 시절
법 심판대 나란히 올라
앞서거니 뒤서거니
흐르는 세월 앞에
너무나도 무기력한 모습
그나마 강건한 친구
죽기 전 마지막 배웅하듯
이제야 불러 본들
다 흘러가는 구름일 뿐

코미디 그만 해

웃겨도 이렇게 웃길 수가
합의 했잖아 약속 했잖아
약 쓰다고 이제와 못 먹겠다고
누구 희롱해
웃기려고 장난치는 거야
애들도 아니고
나 서른 다 넘었잖아
떼쓰면 오냐 오냐
다음에도 또 그러겠네
그만 좀 웃겨
배꼽 다 떨어졌어
그만 좀 우려먹어
국물 맛 떨어졌어

때리지 마

때리긴 왜 때려
같이 어울려 힘 합쳐도 모자를 판국에
재미로 골탕 먹이려고
맞은 사람 가슴 피 멍들게 하고
개돼지 아니잖아
안 때린다 우습게 알고
때려야 말 듣는다
일제 잔재 쾌쾌 묵은 수법
이젠 세상 달라졌는데
전근대적 폭력 대물림
정작 싸워야 할 적 놔두고
아군끼리 티격태격
무엇이 잘못 되었나
내가 당했으니
너도 한 번 엿 먹어봐라
이런 놀부 심보
고작 스무 살 갓 넘긴 혈기
써야할 때 쓰지 못하니
곪을 대로 곪아
기어이 터지고 말았네

손예진

아름다운 이목구비
아무리 쳐다봐도 질리지 않고
보고 또 보고만 싶어지는 얼굴
또렷한 눈망울 오뚝한 콧날
도톰한 입술
백옥 같은 피부
아무리 악한 역을 한다 해도
예뻐 보이는 것은 무슨 연유일까
선녀 같은 해적이 다 있다니
가냘픈 몸매에서 뿜어 나오는
역동적인 몸놀림
절로 탄성이 나오고
일거수일투족 뗄 수 없는 눈동자
넋을 잃고 쳐다본다

운동 안 했나 봐

삭신이 쑤시다
뛰어야 하나 말아야 하나
시작부터 갈등
결국 발걸음 옮겨 보지만
이내 물 먹은 하마 신세
제 풀에 꺾여
반의반도 못하고
꼬랑지 내린다
의욕상실
이 보다 더 큰 허탈 없다
내 맘 속 장애물
내 스스로 무너진 결과
이루지 못한 것에 대한 허탈감
많은 반성과 후회 무튼나
갑자기 초라해지는 모습
누군가 내게 비난의 화살이라도
쏘고 있는 모습
환영하는 그림 한군데도 없고
온통 비웃음만 가득하니
너무도 부끄러운 내 모습

계족산에서

무거운 눈 뜨자마자
새벽공기 마시며
나그네 길 떠난다

대전 계족산
황톳길 밟으며 즐기는 여행
정상에서 불어오는 선들바람
폐 속 깊이 스며들며
쌓인 찌꺼기 깨끗이 청소한다

나무가 내뿜는 호흡 소리
들릴 듯 말 듯 들려오고
산새들 지저귀는 울음
내 마음 강한 전율로 남는다

오를 때 흘린 땀방울
어느새 마른 장작 되어
흔적조차 없어지고
계집 아이 투정 부리 듯
시시각각 변한다
상큼한 산내음이 보내주는 선물
감사한 마음으로 받는다

한 푼만 줍쇼

족히 칠십은 훌쩍 넘었을 나이
갑자기 떠오르는 부모님
지하철 계단 쪼그리고 앉아
동전 몇 잎 바라보고 있는
초점 잃은 눈동자
늦은 시간 돈 구걸
집도 절도 없이
앞 길 콱 막힌 벼랑 끝 인생
죽지 못해 연명하는
섧다 섧어
키워 준 자식 다 어디가고
살 길 막막한
백발노인
한 푼만 달라며
온종일 빌고 또 빈다

아들 군대 보낸 엄마

스무 살 우리 아들
엊그제 군에 갔어요
떠나가는 아들 뒷모습
하염없이 흐르는 눈물
어린 것 국가 부름 받고
아무 탈 없이 와야 할 텐데
우리 아들 잘 부탁해요
제발 때리지 말아요
나라 위해 목숨 바칠 테니
때려죽이지 말아요
똑 같은 전우잖아요

윤 일병

나라 부름 받고
적 향해 싸워야 하는 군인의 길
아군끼리 개 잡듯
때리고 욕하고

비슷한 또래
마음껏 젊음 불살라야 할 시기
담장 속 갇힌 새처럼
날지 못하는 신세

동병상련의 정
하루 같이 나눠도 모자란데
무슨 철천지원수진 것처럼
못 잡아먹어 안달하니
믿었던 신뢰 하루아침 와르르

피멍 들고
갈비뼈 부러지고
뇌진탕 숨 거둘 때까지

때린 자 알고도 모른 척한 자
추호의 양심 살았다면
가슴 찢어지도록
죄 값 달게 받아야

천하의 몹쓸 놈

서른두 살 처먹도록 키워놨더니
카드 빚 감당도 못해
부모 따끔하게 훈계했더니
이런 호로 자식 새끼
낳아주고 길러 준 부모 은덕도 모르고
배은망덕 한 폐륜아
욱 하는 성질
지 엄마 죽이고
발각 두려워 지 아빠까지
그것도 모잘라 불 태워
애라 이 버러지만도 못한 놈아
살아 있을 추호의 가치도 없는
천하의 쓰레기
도저히 인간이라고 할 수 없는
개만도 못한 천하디 천한 구더기
평생을 어둠 속에 그 썩은 머리 처박고
반성하며 살아도 시원치 않을 놈
왜 우리는 저런 놈
중국처럼 단호히 처벌 못할까
시궁창 냄새보다 지독한 냄새 풍기는 놈을

잃어버린 차 열쇠

어디론가 도망갔다
방금 전까지 보았는데
아무리 찾아 불러도
어디로 갔는지 감감 무소식
귀신 곡할 노릇
움직여야 하는데 꼼짝달싹 못하고
발 묶였으니 속이 타 들어갈 지경
처음 아니고 두 번째
도대체 정신 어디 팔아먹은 거야
아 불러도 오지 않는 님이여
애타게 목 놓아 찾아도 보이지 않으니
속은 새까맣게 타들어 가고
초조한 마음 사시나무 떨 듯
갈피 잡지 못하는 나그네 된다

서포 김만중

유배 문학의 본고장
남해에서 만난 서포 김만중
유배문학관 앞에서도
용문사 앞에서도
우뚝 솟은 자태
빼어난 문장
살아서 꿈틀 거리고
볼수록 찬란한 아름다움 눈부시니
구운몽 사씨남정기 서포만필
수백 년 세월 흘러도
꺼지지 않는 등불로 아로 새겨진다

아! 이순신

성웅의 숨결 스며있는 곳
드넓은 남해 바다 한 폭의 그림처럼
내 마음 촉촉이 적시는데
쏟아지는 포탄 화살
한 몸으로 안고
나의 죽음 적에게 알리지 말라던 말씀
수백 년 시간이 돌고 돌아도
내 귓가에 쩌렁쩌렁 맴도니
장군은 아직 살아 계시다
잔잔하게 흐르는 바다
바다는 알고 있겠지
적을 향해 한 목숨 불사른
성웅의 서릿발 같은
그 목소리를

휴가

어디 나가봐야
경호 신경 쓰이고
이 판국에 휴가냐 소리 들을까
이럴 바엔 방콕이 최고
구중궁궐 하인들 뒷바라지
이만한 장소 어디 있을까
쉬엄쉬엄 정국 구상도 하고
눈치 봐가며 가는 건지 안 가는 건지
집에 틀어 박혀있다는 건데
주어진 휴가도 못 찾아 먹는
세월호는 세월호고
휴가는 휴가
지구가 두 쪽 난다 해도
내게 주어진 휴가 찾아 먹지
피 같은 휴간데

남해에서

나그네 먼 길 떠나왔다
꼭두새벽 일찍 나선 길
경상남도 남해
웅장한 남해대교 반긴다
73년부터 40 여 년 꿋꿋이
아름다운 자태 뽐내며

서울에서 천리 길 귀양지
서포 김만중
구운몽 사씨남정기
찬란한 유배문학 성지

가슴 속 깊이 솟구치는 아름다운 시어들
이 아름다운 풍광 간직한
남해 있기에 가능한 일
저절로 읊어지는 시구

남해야 내가 왔다
오늘은 너를 안주 삼아
시 한 수 뽑아 보자

아차 하는 순간

성난 급류
불어난 계곡물
안이한 대처
돌이킬 수 없는 재앙
자연 앞에 인간은 한낱 종잇조각
일순간에 앗아간 생명
아차 하는 순간
일은 벌어지고
상황은 끝났다
안타까움 어디 하소연 못하고
발만 동동
세월호 비극은 곳곳에서
현재 진행형이다

잠

머리 기대자말자
잠기는 눈
자물쇠 틀어 막 듯 꽁꽁
물에 빠진 생쥐처럼 늘어져
하염없이 허우적대는 꼴
간 밤 지쳐 날개 접은 철새
고개 푹 숙이고 죄지은 듯 다소곳이 무릎 꿇고
두 손 모아 가지런히
속절없이 타들어가는 시간
잡으려 뛰어도 따라가지 못하고
바라만 보고 발 동동 어찌할 줄 몰라
벌겋게 상기된 초조한 발걸음
거센 채찍질 힘껏 외치지 마
이내 부러지는 소리
숨 가쁜 입김 방울 맺혀 울리니
허파에 낀 기름때
매질하듯 때려눕히고
터지도록 거세게 또
찢어지는 목소리

아무나 못해

예전 실력만 믿고
대충 뛰어도 되겠지
천만의 말씀
풀코스가 뉘 집 애 이름인가
삼복더위에 호락호락 구렁이 담 넘어가듯 쉬운 일 아니야
기진맥진 연료 바닥난 차처럼 푸드득
겨우겨우 아주 간신히
골인 점 밟았다
역시 연습 없인 풀코스
아무나 하는 일 아니야

정자에 누워

간밤 잠 못 이루고
찾아 온 홍천
삶은 옥수수 피리 부니
심심하던 배 흡족하게 웃는다
찰지고 쫀득쫀득한 것이
탱탱한 아가씨 피부 같다
잔뜩 흐린 하늘
눈물방울 떨어뜨리는데
집 나간 새색시 찾아온 것처럼 반갑다
산들산들 부는 바람 아내 고운 음성 같고
졸졸졸 흐르는 시냇물 아이 웃음소리 같다
대지를 촉촉이 적시는 물방울
티끌 하나 남김없이 쓸어 버려
세상은 온통 파란색이다
우거진 나뭇잎이 그렇고
구름 사이 드러난 하늘이 그렇다
정자에 큰 대 자로 누워
맘껏 자연에 취해 본다

꼭두새벽에

새벽 4시 50분
새도 달도 잠든 시간
잠을 잊고 오로지 달리기 위해
먼 길 떠나는 사람들
셔틀버스 약속된 장소
호위무사처럼 떡 버티고 서 있으니
안심하고 눈 한 번 붙이고
앞으로 떠날 대장정
내리는 비 한여름 더위 씻어주니
반가운 친구처럼 다가온다

물물교환

미리 선수 쳤다 성질 급해서
보내고 가만히 답장 기다려
오겠지 쳐다보며 하루 이틀
날 지날수록 희미해질 텐데

배고픈 때 놓치면 맛없듯이
가야 할 때 가고 와야 할 때 와
이가 착착 맞아 떨어지는 맛
지나친 바람이겠지

주었으니 달라고 상부상조라고
장사도 아니고 거래도 아닌데
맡겨 논 것도 아니고 배 째라면
그런 라면 본 적도 없으니
끓여 먹을 수도 없고
나중이라도 나타난다면
잊지 않았다고 고맙게
넙죽 인사하며 받아야지

시인의 말

제5시집을 내면서 가장 고민했던 부분은 시집의 제목을 정하는 일이었다. 제목은 사람의 얼굴과도 같은 것이어서 가장 중요한 부분이다. 독자가 시를 접함에 있어서 가장 먼저 대하는 부분이 바로 제목이다. 그래서 작가는 제목에 정성을 기울일 수밖에 없다.

나는 이번 시집의 제목을 정함에 있어서 이 시집을 한마디로 축약할 수 있는 제목이어야 한다고 생각했다. 그래서 생각해 낸 제목이 '갈증'이다. 이 시집은 나의 시에 대한 갈증을 풀어주는 시집이다. 나는 끊임없이 시에 대해서 갈증 한다. 항상 목마를 정도로 시를 마시고 싶어 한다. 시의 밑천이 부족하기 때문에 더욱 그런지도 모른다.

나는 갈증을 노래하면서 시를 더욱 애타게 그리워하고 있다. 보고 싶어 밤잠 잃을 때 위로가 되고 친구가 되고 애인이 되고 선생님이 되는 시를 갈구한다. 그리고 시를 통해 목마름을 적신다.

나의 제5시집 「갈증」이 시를 사랑하는 모든 독자들에게 갈증을 해소해 줄 수 있는 청량음료가 되었으면 한다. 시가 마음의 상처를 달래주고 삶의 희망을 안겨줄 때 시인이 된 사실이 더없이 반갑고 기쁘기만 하다. 내 시를 읽는 독자도 나와 같은 심정이었으면 좋겠다.

신성범 제5 시집

갈증

인쇄 2015년 2월 2일
발행 2015년 2월 5일

지은이 신성범 시인
펴낸곳 꿈과 비전
발행 · 편집인 신수근
편집디자인 한미나

등록번호 제2014-54호
주소 서울 관악구 관악로 105 동산빌딩 403호
전화 02-877-5688(대)
팩스 02-6008-3744
전자우편 samuelkshin@naver.com

ISBN 978-89-951368-1-2 부가기호 03810

정가 13,000원